JN149605

お金をかけずに
モノを売る
広報視点

竹中功
元吉本興業・名物広報マン

経済界

はじめに　どんな仕事にも「広報視点」が必要だ

「企業が登るヤマは金儲けのヤマや」

吉本興業という会社で、35年間ほど「広報」一筋でやってきた私は、創業者でもある林正之助会長のこの言葉を胸に刻んで生きてきました。

吉本興業は、「芸人」という商品を数多く揃え、それをあらゆる方法で広め、お客さんに安定した「笑い」をお届けしている企業です。つまり、顧客の心の中に「吉本興業」という居場所を明確にすることで、１００年以上もお金儲けをしてきたのです。

最近の言葉にするなら、これこそが「ポジショニング戦略」であり、「ブランド戦略」です。そして、それをつくっていたのが、私の「広報」としての仕事でした。

とはいっても、私がしてきた「広報活動」はいわゆる一般企業の「広報」とは違い、多岐にわたりました。

今でこそテレビをつければ「吉本芸人」を見ない日はありませんが、私が入社した1981年は、「吉本興業」という会社の名前は知っていても、企業の中身を知る人はほとんどいなかったように思います。

入社したらタレントのマネージャーになり、1日に2回も3回も東京と大阪を往復するのだろうと予想していましたが、7月に配属先が発表されると、私一人だけが「宣伝広報室」に行くことになっていたのです。

宣伝広報室は、もともと3つの花月劇場の宣伝をする「制作部宣伝課」から独立する形でつくられた新しい組織でした。「社内外の広報を行う」というと聞こえがいいですが、実際にはそののち現れ出る幾多の仕事を一手に引き受ける、インディペンデントな部署だったのです。以後、吉本興業を2015年に退社するまで、私はずっと「吉本インディーズ」として歩むことになります。

広報としての初仕事は、新聞のスクラップでした。広報の大きな目的は、お金をかけずに新聞や雑誌、テレビなどで自社のニュースを取り上げてもらうことですから、まずは「メディア」の実情を知ることが大切です。どのような事柄がどのように扱われているのかを把握するわけです。

入社から半年ほど経った頃、大仕事が来ました。学校づくりです。学校というのは、「吉本総合芸能学院 よしもとNSC」で、ご存知の方も多いのではないでしょうか。

さらに「マンスリーよしもと」編集長、「吉本新喜劇」の立て直し、「芸人の引退・謝罪会見」の仕切りなど、手がけた仕事をあげればきりがありません。

こんな話をすると「広報がそこまでやるの？」と驚かれますが、当時は「広報」という仕事の意味を理解している人はそういなく、吉本のような小さな会社では、「広報」という部署自体がほぼ存在していなかったと言っても過言ではありません。

私はたまたま吉本興業という「芸人（笑い）」を商品とする大阪生まれの企業に就職し、

広報マンとしてさまざまな仕事と格闘しながら、どんな時代にも変わらない仕事の本質を学びました。

それをこの本では、「広報視点」と呼んでいます。

「広報視点」は、単に広報マンにとって必要なだけでなく、今の時代、すべてのビジネスパーソンに欠かすことのできない要素だと思っています。

「広報視点」を理解すれば、お金をかけずにモノが売れていきます。

「広報視点」をもとに私が吉本でやってきたことを紐解けば、「なぜ吉本興業はトップ企業に成長できたのか」を知ることにもなるはずです。

私の「広報」人生は険しい山の連続でした。

しかし、吉本興業という会社が私は好きですし、「広報」という仕事を通じて得ることが多くあったことに、今も感謝しています。

ぜひ最後までお付き合いください。

竹中功

お金をかけずにモノを売る広報視点　目次

第1章

ダウンタウンを「売る」から「売れる」へ

第2章

吉本新喜劇を「やめよッカナ!? キャンペーン」の成功

第3章 商品を知ってもらうために『マンスリーよしもと』創刊

第4章 リスクマネジメントも広報活動のひとつ

第5章

私が伝説の広報マンと呼ばれた理由

第1章

ダウンタウンを「売る」から「売れる」へ

「まとめ売り」できるための
「システム」と「仕掛け」をつくる。
そのために、あらゆるものを
プラットフォームとして考えよ。

モンスター商品「ダウンタウン」誕生のきっかけ

「竹中、商品が足れへんから、学校つくれや！」

1981年10月。当時取締役だった中邨秀雄《なかむらひでお》さんが、突然こう言いました。

そのひと言から、私の本当の広報人生が始まりました。

吉本興業において「商品」とは、「芸人やタレント」のことです。

前年の1980年、東京発の全国ネット番組「花王名人劇場」（関西テレビ）や「THE MANZAI」（フジテレビ）といったテレビ番組から火がついて、中年層を中心に人気だった「漫才」という芸能が「マンザイ」に、さらに「MANZAI」と書き換えられ、若者たちの圧倒的な支持を得て、空前の〝漫才ブーム〟が起こっていました。

吉本興業でも、ブームの追い風に乗り、所属する芸人たちが、東京でのテレビ出演や全国各地のイベントに駆り出されていました。

ザ・ぼんちは日本武道館を満員にし、やすし・きよしを筆頭に、紳助・竜介、阪神・巨人、のりお・よしお、いくよ・くるよといった吉本の面々が、元々吉本にいたB&Bや、ツービートといった東京のタレントに交じって、連日テレビに映し出されるようになりました。大阪の笑いがついに東京に届き、そこを経由して全国区になっていったのです。

同時に、本拠地である大阪や京都の花月の舞台に立てる芸人が足りなくなるという弊害も起こっていました。当然、劇場にクレームが殺到し、人気絶頂だったザ・ぼんちの出番に穴が空いたときは、格上のやすし・きよしが、代わりに舞台に立ってくれたこともあったほどです。

しかし、このブームは意外にも短命で、82年に「THE MANZAI」の番組が終了すると急速に下火になっていきます。

ただ関西では、その収束の勢いが東京に比べて緩やかでした。特に大阪では、昔から笑いが生活に密着しているため、テレビの視聴率競争とは別に、まだまだお笑い芸人の需要が高く、商品価値もありました。ですから、吉本では相変わらず〝在庫不足〟が続き、商品の増産が急務だったのです。

そこで中邨さんが思いついたのが、「早急に工場（学校）をつくって、商品（芸人）を増やす」ということでした。

私はといえば、吉本興業に入社してまだ6ヶ月。新卒入社組の中でたった一人「宣伝広報室」に配属になり、同期がマネージャーとして芸人さんたちとともに日本中を駆け回っている中、未だ、やすし・きよしさん、桂三枝さん（現六代文枝）といった超大物芸人さんたちに直接ご挨拶したことすらありませんでした。

「学校をつくれと言われましても無理です。僕、まだまだ芸人さんを誰も知りませんし、第一、お笑い芸人なんかつくれるわけがないですもん」
「大丈夫や、心配あらへん。この会社で芸人をつくった社員なんか誰もおれへんから、誰がやっても一緒や、一緒！　せやからお前、やっとけ！」

めちゃくちゃなことを言うなあ……。とはいえサラリーマンですから、上司の命令に「イヤ」とは言えません。面喰いながらも、私はどこかでワクワクしていました。

当時大阪には、すでに松竹芸能や明蝶学院、蝶々新芸スクールといったお笑い学校が存在していました。吉本興業も、1938年頃、漫才作家の秋田實さんが「漫才道場」を立ち上げ、自分の教え子の漫才師を集めて、ネタの書き方を教えていたといわれています。

しかし、私が命じられたのは、芸人という商品をつくるための学校です。

ノウハウがまったくない中、当時、宣伝広報室の課長職を兼務していた冨井善則《とみいよしのり》さんを総責任者に、私と山下係長の3人で、一から吉本総合芸能学院（よしもとNSC）をつくることになったのです。

「NSC」（ニュー・スター・クリエイション）という名前は、今考えたら、思いっきり和製英語ですが、「ここから、新しいスターをつくろう」という私たちの願いが込められていました。

商品は急には育ちません。のちに吉本興業が〝ひとり勝ち〟できたのは、NSCが芸人をつくり続け、常に商品を絶やさなかったからです。

ここからNSCは、数多くのスターを輩出しましたが、中でも〝超モンスター商品〟といえば「ダウンタウン」です。

1982年2月。NSC第一期生一次試験の面接が「ボウル吉本」（現在の「なんばグランド花月」）の場内にあったフルーツパーラーで行われました。

ボウリングのピンの倒れる音やお客さんの歓声がこだまする中、面接が始まりました。もともと私は受付を担当していたのですが、「竹中くんもやってみ」と上司の冨井さんに面接官を命じられたことがきっかけで、大学を出てまだ10ヶ月目の私が、にわか面接官をやることになったのです。

その私の前に座ったのが、伸びかけのパンチパーマ頭で産毛のようなひげを生やした松本人志と、五分狩り頭の浜田雅功です。

彼らが「NSC」を受けてみようと思ったきっかけは、競艇学校の試験を落ちていた浜田が、うめだ花月の前で「ニュースター、お笑いタレント募集」という看板を見たことでした。

「まっつんと一緒におったら、ここで何とかなるやろ」

浜田はそう思い、印刷工場の内定もらっていた松本を誘って、NSC第一期生の面接を受けに来たのでした。

今にして思えば、この二人が高校を卒業するときにＮＳＣが開校になったのは、奇跡的なタイミングでした。開校が1年早ければＮＳＣの評判いかんで二人はＮＳＣを進路に選ばなかったでしょうし、1年遅ければすでに別の人生を歩んでいたかもしれません。本当に運命とはどう転ぶかわからないな、と痛切に思います。

面接ではネタは見ませんでした。というか、まだプロになっていない時点でネタを見ても面白いわけないでしょうし、もし面白かったらどこか他所で売れているでしょう。では、何を基準に合格とするのかといえば、月謝が払えるかどうかで判断することにしました。

入学金3万円、月謝1万5千円を6ヵ月分全納、合計12万円が払えれば合格でした。

「自分ら同級生かいな、月謝、払えるか？」

「ハイ」

「(横にいた上司に) この子ら月謝払える言うてますんで、合格でええですよね！」

浜田と松本も、月謝が払えるということで、無事合格となりました。

１９８2年4月4日、面接会場だったボウル吉本の一階のゲームセンターを改装した稽古場で、ＮＳＣ第一期生の入学式が開かれました。

新入生は約１３０人。広報マンである私が声をかけた新聞記者やテレビカメラが大勢集まり、〝月謝を取ってお笑いを教え、芸人を育成するというＮＳＣの試み〟を大きく報道してくれました。メディアをうまく利用できたことで、社外だけでなく、社内にもインフォメーションすることができました。

稽古場には、事務所以外に3つのスタジオ、トイレ、シャワー、ロッカールームも用意。壁の片面は鏡張りで、バレエ用のバーを取り付けました。

授業は、殺陣、ジャズダンス、タップダンス、日舞、着付け教室、声楽など。フラメンコ教室もやりましたが、フラメンコを覚えても漫才が面白くなるわけじゃないし、生徒からも口々にブーイングがあり、一回で中止になりました。実際のところ、運営する私たちも、芸人を養成するのに何が必要なのか、まったくわかっていなかったのです。

こうしてメディアを通じて社内アナウンスできたものの、先輩たちは、最初のうちはなかなかＮＳＣを手伝ってくれませんでした。

私たちの「宣伝広報室」は、組織上、インディペンデントの部署だったこともあり、「そんなもんで、芸人ができるわけないやんけ」

と、社内から冷たい目で見られていたようです。

過去の成功を「逆」から見れば、
「新たなブランド」のヒントがある。
モノやヒトの流れから時代を読み、
「新機軸《イノベーション》」のメッセージを見つけよ。

「ノーブランド芸人」というブランディング

ＮＳＣができる前、吉本興業が芸人という商品を調達していたシステムは、主に「弟子制度」でした。

落語の世界では、噺家さんは師匠に弟子入りして礼儀作法や落語を学び、屋号や芸名を貰って落語家になっていきます。同様に漫才師も、弟子入りから出発して一人前となり、やがて自らも弟子を取るという習慣が古くから受け継がれてきました。

島田紳助さんは、Ｂ＆Ｂに魅せられ、洋七さんに弟子入りを希望していましたが、彼が弟子を取っていなかったことから、Ｂ＆Ｂの師匠だった島田洋之介・今喜多代に弟子入りし、Ｂ＆Ｂのおとうと弟子になっています。また、さんまさんや巨人さんは、ほぼ吉本の同期ですが、それぞれ笑福亭松之助、岡八郎のお弟子さんでした。

弟子を抱えると、食事を食べさせないといけないし、たまには小遣いも与えなければなりません。金銭的にも面倒を見るのが大変なのと、自分自身の多忙から、当時は弟子を取ること自体がだんだんと減っていました。


弟子入り以外で芸人になるというと、劇場で進行係をして、漫才の相方などを探す方法もありました。

「進行係」とは、劇場の舞台袖で「師匠、次、出番です。お願いします！」「5分前ですよ！」と芸人を呼びに行ったり、舞台に必要な道具を準備したりする係です。松本竜介は、花月で幕引き係をやっていて、島田洋之介・今喜多代の付き人をやっていた島田紳助から声を掛けられ意気投合。コンビを組み、「紳助・竜介」が誕生しました。

紳助・竜介以外にも、NSCが開校した頃の吉本の稼ぎ頭だった、やすし・きよし、阪神・巨人、ザ・ぼんち、のりお・よしお、いくよ・くるよ、サブロー・シローたちは全員、弟子入りか進行係の経験者でした。

このように、師匠に弟子入りするか、進行係をするかしか芸人になれなかったときに、吉本興業は養成所をつくり、芸人志願者からお金をもらって商品をつくることを始めたのです。

しかもNSCは、一度に大量の予備商品がつくれるという画期的なシステムでもありました。NSC開校以降、弟子入りが急速に減っていき、ダウンタウン以降の芸人志願者のほとんどはNSCを目指しました。

その頃、ちょうど「無印良品」が誕生し、注目されていました。私は屋号を持たない彼らのことを「ノーブランド芸人」と呼ぶことにし、広報から発信するリリース文には必ず「吉本ノーブランド芸人」と付けて、ノーブランドであることをひとつのブランドとして売り込むことにしました。

一期生の中には、ダウンタウンのほかに、トミーズ、ハイヒール、今は解散していますが銀次・政二らがいます。現在、吉本新喜劇の座長である内場勝則も同期です。

入学式の日、一人だけたくさんの報道陣に囲まれ、フラッシュを浴びていた男が、元プロボクサーの北村雅英。その様子を、ほかの学生たちがつまらなそうに見ていたのを憶えています。

北村はのちに同級生の三津田健とコンビを組み、トミーズを結成。私の上司でNSCの生みの親だった冨井さんの名前がコンビ名の由来です。

養成所の授業には、漫才やタレントコースのほかにDJコースもありました。DJコースにたった一人応募してきたのが、当時女子大生だった西村美紀（現ハイヒール・リンゴ）です。

開校から数ヶ月が過ぎたある日、「あの、いつになったらDJコースの授業が始まりますか?」と西村から尋ねられたとき、私はDJコースの存在すら忘れていました。

こうなったら仕方がありません。「漫才師になって人気者になったらすぐにラジオに出てDJもできるから、お笑いのほうがええよ!」と西村に強引に真っ赤なつなぎを着せて、漫才をやらせました。西村は、相方の松井聡《さとり》と出会って「ハイヒール」を結成。

人気を博していきます。

一期生にはジミー大西もいました。しかし彼は、早々になんば花月の進行係になって、あまりNSCに来なくなり、その後、ザ・ぼんちのおさむさんに弟子入りしました。NSCは、弟子入りせずにノーブランドでやっていく芸人を育てるための学校ですから、弟子入りしたなら、もうNSCに来る必要がありません。本人も納得して辞めていきました。

生徒たちは、最初のうちは面白いことを考えついても、テクニックがないため、笑いに変えることができません。しかしNSCで学ぶうちに、次第にネタをつくれるようになっていきました。

私も当時は、生徒たちと一緒にネタを考えました。トミーズやダウンタウンの初期のネタのいくつかは、私も参加してつくっています。同世代の彼らとネタを考えるのはとても楽しい経験でした。

一期生同士でコンビを組み、それぞれに持ちネタができ始めたところで、数ヶ月に一回、人前で自分たちの芸を発表することにしました。NSCスタジオの奥にはちょうど4段の階段があったので、その一番上がステージになりました。「NSC寄席」と名付け、『マンスリーよしもと』で告知しました。

このNSC寄席は、誰でも観覧でき、料金を特に決めずお客さんに自由にお金を缶に放り込んでもらうようにしました。お客さんの多くはNSC生の友だちや同級生だったので、だいたいは100円でした。たまに大人が千円札を入れてくれて、NSCの生徒たちと一緒に喜んでいたものです。

開校から数ヶ月経つと、テレビ局の現役プロデューサーたちもNSCに興味を持つようになってくれたので、講師としてお招きし、全員の芸を見て講評をしていただきました。生徒に対しては、先生からアドバイスを受けたら、次回までに新ネタをつくってくることを義務付けました。

一度夏休みを利用して「オールナイトNSC寄席」という企画をやったときは、夜中だというのに、噂を聞きつけた多くの先輩社員や、さんまさん、巨人さん、紳助さんがわざわざ見に来てアドバイスももらえました。これは本当に嬉しかったです。

そのとき、まだ「ダウンタウン」というコンビ名がなく「松本・浜田」でやっていた漫才を見て、「一組だけすごい奴がおるな」と三人の意見が一致したと、のちに紳助さんが語っていました。

試行錯誤の日々でしたが、NSC一期生は徐々に花月劇場やテレビに出るようになり、NSCの存在も社内外に知られるようになって、二期生の募集はラクだったことを覚えています。

過去の常識にとらわれず、
「変化の質」に目を向けよ。
みんなが反対することは、
たいてい成功するものだ。

ダウンタウンは「お客様が待っていた商品」だった

開校当初、浜田と松本の二人は、同期の輪に入ろうとせず、声も小さく、何を考えているのかわからない、ちょっと浮いた存在でした。「ダウンタウン」というコンビ名を決めたのはNSCを卒業するあたりで、それまでは「松本・浜田」で通していました。

当時、平日の昼に「笑ってる場合ですよ」（フジテレビ）という帯番組をやっていました。スタジオアルタから生放送をしていて、「笑っていいとも！」の前身とも言われる番組です。

司会はB&Bで、番組の中に「お笑い君こそスターだ！」というコーナーがありました。5日間勝ち抜いたらグランドチャンピオンになれるということで、NSCの生徒たちもオーディションを受け、松本・浜田、銀次・政二などが合格していました。

私が初日に浜田と松本を連れてスタジオアルタに行くと、本番直前になってADさんが突然、「松本・浜田というコンビ名はおかしい！」と言い出したのです。

「いや、おかしいと言われても、ずっとこれでやってますんで、これで行きますわ」

「漫才師らしくないからダメ」

「いやいや、こいつらコンビ名が『松本・浜田』ですねん！」

「それは認められない。まさし・ひとしで行こう！」

彼らの名前を使うなら、「まさとし・ひとし」なんやけど……。

なぜ「まさし・ひとし」となったのか、今もって謎です。

さらにいうと、それまでの漫才師と違って、あの二人は冒頭でコンビ名を名乗らず、いきなり話に入るスタイルでした。

MCが「大阪から来た、まさし・ひとしです！」と紹介しても、「僕たち、まさし・ひとしと言いますねん」とは名乗らないまま、結局5日間勝ち抜いて、第32代のチャンピオンになりました。

その頃、東京事務所から大﨑洋《おおさきひろし》さん（現吉本興業株式会社代表取締役）が大阪に戻ってきてNSCも担当することになりました。大﨑さんは私より5歳年上で、吉本興業でのモノづくりにおいて、私に大きな影響を与えてくれた大先輩です。

大﨑さんは特にダウンタウンの面倒を見てくれました。その後、ダウンタウンは新人コンクールで大賞を受賞、なんば花月にも出演するなど、一期生の中で頭角を現し始めました。

ところが、NSC内ではコンビ結成の遅かったトミーズが、すぐにコンテストやコンクールの賞をどんどん獲りだして、あっという間にダウンタウンを追い抜いていきます。

何が、ダウンタウンとトミーズの明暗を分けたのか。

それは、漫才の「質」でした。

わかりやすく万人受けするトミーズのネタに対して、ダウンタウンのネタはよく言えば通好み、悪く言うとお客さんを選別するものでした。しかも、ボソボソと話をしながら面白さをつくっていくかと思えば、突然大声を出すなど、即興劇というか、ジャズのインプロを見ているようでもありました。


横山やすしさんがMCをつとめていた「テレビ演芸」（テレビ朝日）という番組に出演したとき、当時「ライト兄弟」と名乗らされていた松本と浜田の二人は、ネタが終わった途端に、

「テレビに出るような漫才ちゃうやん！」

と横山さんから一喝されたこともありました。

横山さんの中には、彼なりの漫才の美学や飛行機への愛情があり、

「お前らのネタは悪質や！　親を殺すというようなネタはテレビでやるものではない！」

「ライト兄弟という名前は、航空ファンにも迷惑をかける」

などと、ダウンタウンのスタイルが許せなかったのではないかと思います。

また、ダウンタウンのネタは〝花月のお客さん〟とも合わないところもありました。花月は、比較的年齢層の高い団体さんや、仕事中にさぼりに来た会社員がお客さんで、わかりやすい笑いが求められていました。

シュールなネタが持ち味のダウンタウンは、劇場の支配人に、

「もっと団体さんのわかる漫才せぇ、ボケーっ！」

などとしょっちゅう怒られる始末。お客さんがわからないことをやり過ぎないよう、わりとベタな漫才をしなければいけなかったため、彼らがなかなか光らなかったのです。


しかし、漫才ブームの影響は劇場にも確実に現れ、それまではほとんど見かけなかった若者や女性、子どものお客さんが増えてきていました。

普段着で登場し、お辞儀もせずコンビ名を名乗りもせず、ただ話し続けるダウンタウンの漫才のスタイルは、まさに「お客様が待っていた商品」だったのです。

「『うわー、ひとし、いま包丁で手ぇ切ってんけど、緑色の血ぃ出たから、私、ガメラやわ』っておかんが言うててな」

松本のボケに、若い人たちは大爆笑。しかし、ネタが理解できない人たちはポカンとしてしまう。ダウンタウンの〝わかる人にはわかる〟漫才を、新しい客層は「自分たちのための漫才だ」と熱狂的に受け止めたのです。

確かに、ダウンタウンの漫才は、既存の漫才とは違っていました。

たとえば、彼らの先輩で、当時の吉本の人気芸人でいうと、ザ・ぼんちは、ＩＶＹルックを着たちょっとオシャレさん。「恋のぼんちシート」でレコードデビューすると、爆発的にヒットして武道館ライブまでやりました。紳竜はヤンキーのツッパリ系。阪神・巨人はモノマネ上手で器用な芸人。のりお・よしおはちょっとキレたお兄さん……。

一方、ダウンタウンの漫才といえば、ボソボソとおもろいことを話す松本に対して、浜田がイライラしながら、

「え、今なんて？　意味、わかれへんやん！」

とツッコミ返すといった、ちょっとやんちゃな男同士の立ち話のようなスタイルです。

私には、漫才の100年近い歴史の中で、ダウンタウンの漫才が「革命的」だったのかどうか、いまだにわかりません。

革命とは、既成の体制や概念をひっくり返すことですが、私には今のダウンタウンの番組を見ても、むしろ正統漫才なのではないかと思うことさえあります。

現代性と即興性を持っているのは、1930年に誕生したコンビ「横山エンタツ・花菱アチャコ」の時代から変わらないように思うからです。そのような意味で言えば、彼らが起こしたのは「革新（イノベーション）」なのかもしれません。

ただ一つ言えることは、ダウンタウン以降、「笑いの質」「笑わせ方の質」は明らかに変わっていきました。

振り返ってみれば、ダウンタウンの笑いが受け入れられたのは、短命に終わったとはいえ、漫才ブームがあったからです。

どの業界でも、ブームは必ず終わるし、お客さんも変わっていきます。漫才ブームを牽引した紳助・竜介が解散したのは85年です。解散を決めた紳助さんは会見の中で、「サブロー・シローやダウンタウンが出てきて、もう漫才を辞めようと思った」と語っていました。

サブロー・シローは、漫才ブームのメインよりは少し遅れて登場しましたが、実力もあり、すでに活躍していました。

一方のダウンタウンは、ほとんどまだ知られていない状態でしたが、そのコンビ名を紳助さんが解散会見で言ったということで、その発言が業界内部でも決め手となり、以降、ダウンタウンの評価が高まり、本格的にブレイクしていったのです。

この会見に、私は広報として臨んでいます。紳助さんの口から、NSC出身のダウンタウンの名前が出たときには、正直ガッツポーズをしたいくらい嬉しかったです。

ちなみに、16年続いたザ・ドリフターズのバラエティ番組「8時だョ！ 全員集合」（TBS）の放送終了も85年。このあたりがちょうど時代の変わり目だったのでしょう。

ダウンタウンの二人もそのことはよくわかっていて、83年くらいのネタで、「僕らね、漫才ブームを見てこの世界に憧れて入ったんですけど。漫才ブーム行きのバスに乗れる思たら、乗り損ねたんですわ。その後そのバス、谷底に落ちましたけど…」などと、笑わしていました。

「ブームは、運とチャンスの巡りあわせで自然発生的に巻き起こるものや。要は、そうしたブームやチャンスが巡ってきたときにブームの波に乗り、実力を発揮できるかや。日頃から努力し、常に創意工夫や研究を積み重ねていれば、必ずそういう時期がやってくるということも、確信を持って言える」

この中邨さんの言葉どおり、ダウンタウンは下積み時代も腐らずに、お客さんをどう笑わすかを考え続けていたのでしょう。

変化をつくる「若者」と
拡散してくれる「女性」。
儲かる仕組みをつくるには、
それらを生かすかどうかだ。

「ごんたくれ」というユニットで新しいファンも取り込む

1983年4月。私はダウンタウン、銀次・政二、ハイヒールの3組に「ごんたくれ」というユニットを組ませ、花月という大演芸場ではなく、梅田阪急ファイブにあった「オレンジルーム」という小劇場で、漫才と芝居のライブをやりました。

ダウンタウン、銀次・政二、ハイヒールは、すでに花月にも出演していましたが、ユニットを組むことで、新たなお客さんを「足し算」し、ノーブランド芸人たちの客層を拡げるきっかけにしたかったのです。

ユニットでは、コンビではできないことを表現できます。それが付加価値になって、新しいお客さんを呼べると考えました。

「オレンジルーム」とは、吉本の若手たちが、映画や音楽、お笑い・落語などの壁を越え、自由な表現の場として使っていたスペースです。島田紳助さんも実験的なネタはここでやっていましたから、NSCの生徒たちもいつかは「オレンジルーム」で自分たちの好きなことを好きにやりたいという憧れがありました。

ユニット名は「ごんたくれ」。関西弁で「どうしようもないやんちゃ者」という意味です。「名は体を表す」ではありませんが、実際、6人のうち、ハイヒールのリンゴを除いてはかなりの〝ごんたくれ〟でした。

この「ごんたくれ」に同期のトミーズが入っていないのは、彼らがこの3組とグルーヴ感がまったく違っていたからです。その後トミーズと私は、別企画で「オレンジルーム公演」を果たしています。

NSCの授業には、台本に沿ってみんなで芝居をするという授業はほとんどありませんでした。特に6人とも芝居心はないし、台詞を言うのも恥ずかしいという、中学校の演劇部レベルです。それでも彼らはユニットという新しい試みが気に入ったようでした。

最初に3組がそれぞれの持ちネタをやり、次に6人で一つの芝居をやり、最後にまたそれぞれの新ネタをやるという構成にしました。

芝居の台本は、1回目公演はダウンタウンが、2回目はハイヒール、3回目は銀次・政二が、順番に考えることにして、「3回だけは絶対にやろう」と彼らと約束しました。

ポスターもチラシも彼らが自分たちで考え、チケットも自分たちで売りました。

そして迎えた1983年4月21日。いよいよ「ごんたくれvol.1 仮免漫才と笑説桃太郎くずし〜30分戦争」の当日、ふたを開けるとオレンジルームの200強の座席は、満員の観客で埋まりました。

「笑ってる場合ですよ！　お笑い君こそスターだ！」のコーナーを見てダウンタウンたちのファンになってくれた人たちや、狙いどおり新しいファンもいたようです。テレビにもない、花月にもない笑いを探していたお客さんと出会えたのです。

こうして私の目論みは当たり、ダウンタウンは着々とファン層を拡大していきました。

新しいお客さんを離さないための「2丁目劇場」

「新しいお客さんがこれだけ来てるねんから、離したらアカンで！」

またしても中邨さんのひと言で、私は先輩の大﨑さん、同期入社の中井秀範くんと一緒に、新しいプロジェクトを走らせることになりました。

それが、1986年にオープンした「心斎橋筋2丁目劇場」です。

吉本では、新しい可能性の発掘のために〝アンチ漫才、アンチ吉本〟という路線を徹底させていました。2丁目劇場のコンセプトは「アンチ花月」です。

1982年に開校したNSCは、この頃には軌道に乗り、新しい芸人も続々と誕生していました。ダウンタウンも、大﨑さんのネットワークとマネジメント力でドンドンと知名度が上がり、注目されつつありましたが、中邨さんの中には、ダウンタウンが一発屋で終わるかもしれないとの考えもあったようです。

だから余計に「お客さんを引っ張っておけ」と言いたかったのでしょう。

そこで私と大﨑さん、中井くんとが考えたのは、「伝統」と言われる「三花月劇場」（なんば花月、うめだ花月、京都花月）とは、まったく別のコンセプトの劇場をつくることでした。

ここは、言うならば「女子中高生だけの社交の場」みたいな劇場、「男子学生も、おっさんも、絶対に来んでええ！」という劇場です。

私はオレンジルームで「ごんたくれ」ライブをやった経験から、自分たちの新しい劇場を持てば、花月とは明らかに違うターゲット層を獲得し、きっと勝てると考えました。

2丁目劇場は、もともとは「南海ホール」と呼ばれていました。有名なグリコの巨大看板の向かい、ひっかけ橋のたもとにあり、私と大﨑さん、中井くんとでその劇場を借りて「2丁目劇場」と銘打ち、毎週末に若手芸人のイベントに使っていました。

でも、狭いし古いのに、レンタル料だけは高額です。

「もっと安くなりませんか?」と相談に行くと、担当の方には笑いながら、「吉本さんから借りてるから高いねん!」と言われました。

実はこの劇場、吉本興業の持つビルの中にある劇場を南海電車さんに貸し出していました。そこを私たちが改めて借りに行き、高い賃料を要求されていたというわけです。

そうこうするうちに、南海さんとの賃貸契約が終了し、ホールが吉本に戻ってくることになりました。

中邨さんの指令は、「新宿アルタみたいに、上が劇場、下にテナントが入って、まるごと全部が儲かるような仕組みをつくりたい。お前らが考えろ」というものでした。

リーダーの大﨑さんの下、私たちはあれこれと企画書を役員に提案しました。そして1986年5月、座席数146席の「心斎橋筋2丁目劇場」がオープンしました。

完成した劇場を見て「ようやく自分たちの劇場ができた」と感慨深かったものです。「2丁目劇場」という名前は、私と大﨑さんの中で「俺らの劇場ができたときに、これを名前にしよう！」とずっと温めていたものです。それくらい、私たちは2丁目劇場に思いを込めていました。

初演は、ダウンタウン主演の芝居「心斎橋筋2丁目物語」や憂歌団のライブ、ラサール石井さんの原作・杉本高文（明石家さんまさんの本名）演出の「SAMMA劇団」などを用意し、万全の態勢で迎えました。

しかし満員になったのは、オープニングの3公演くらいで、その後はずっと20～30人くらいしかお客さんが入りません。ダウンタウンを始め、芸人総出で、チケットを手売りしなければいけませんでした。

ある若い芸人コンビが、勢い余って心斎橋筋の通行人に「おまえら買わんかい！」と声をかけたところ、「脅した」ということで警察に連行され、私がその引き取りに行ったこともありました。

2丁目劇場の知名度を上げる、何かいい手はないものか……。

すると、その年の7月に西川きよしさんが参議院議員選挙に大阪選挙区から立候補するとの話が飛び込んできました。出馬会見の舞台は2丁目劇場です。

よし、これや！

私は「西川きよし出馬会見」という看板をつくり、そこに「2丁目劇場」と書き込みました。「なんかチャンスあったら『2丁目劇場』を字にして見せたろ」と常々思っていたのです。姑息な手段かもしれませんが、看板を見た人に「2丁目劇場」という文字を刷り込むつもりでした。

もちろん西川さんは、そんなことに気が付かないまま、会見をされていました。

私の狙いが功を奏したのかどうかはわかりませんが、西川さんの出馬会見の後から女子学生が集まり始め、ダウンタウンが現れたら「キャー！！」と黄色い歓声があがり、「こいつらジャニーズか！」と思うほどの大騒ぎとなりました。

2丁目劇場は、NSCの卒業生の入口となり、またここでオーディションをすることで新しい芸人を発掘していきました。いわば新商品の開発と展示、新規顧客の開拓の場として、2丁目劇場をフル回転させたのです。

さらに翌87年には、2丁目劇場でテレビ番組「4時ですよ〜だ」（毎日放送）の生放送が始まります。平日の帯番組で司会はダウンタウン。NSC出身の若手芸人を中心としたバラエティ番組でした。

中邨さんが、常々言っていたことがありました。

「男性は一つの遊びに執着し、深く追究していこうとするが、女性の遊びはめっちゃ多方向や。おもろそうなものは何でもやってみようという好奇心が強い。流行に流されやすいのが特徴や。女性の強みをもう一つ挙げるなら、それは口コミ情報の広がり方。そのスピードとネットワークの広さは男性ではありえへん」

その言葉を裏付けるように、女子高生の発信力は凄まじく、公開放送になると多くの女子高生が詰めかけました。おかげで番組は高い視聴率を叩き出し、ダウンタウンは関西圏で完全にアイドルとなっていったのです。

2丁目劇場のあった吉本興業の本社ビルの周りには生放送を少しでも前の席で見たいという女子高生が列をなし、なかには学校を抜けてやって来る子どもたちもいたようで、補導員もよく見まわりに来ていたようでした。

女子高生は、補導員から「今日、学校は？」などと聞かれると、「今日は午後休講になりました」とか「今日は創立記念日やねん」などと答えていたそうです。


ザ・ぼんちや紳助・竜介で漫才ブームに火がつき、販売する商品（芸人）不足から製造工場（よしもとNSC）をつくり、商品の販売所として2丁目劇場をつくって、ブームを一気に拡大・定着させる――東京のテレビでは短命に終わった漫才ブームの火種を、吉本は大切に育ててきました。従来の弟子制度の中だけでは、おそらくこのブームを爆発させることはできなかったと思います。

やはり、新しいお客さんの獲得には、新しい劇場という装置が必要だったのです。

収穫時期を間違えれば、
マズくて、高く売れない。
大きく育てて大きく刈り取る。
これが「儲けの鉄則《セオリー》」だ。

テレビ、ラジオに出るタイミングを間違えない

2丁目劇場によって、「寄席といえば年寄りのエンタテインメント」という、それまでのイメージが完全に覆り、若い子たちが劇場にお金を落とすという仕組みができあがりました。その一端を担ったのが、グッズ販売です。

私は「2丁目商店」を立ち上げ、千社札型シールや缶バッチ、手帳、ボールペン、テレホンカードをつくることにしました。すると、売れに売れていくのです。

ある洋服のブランドのセメント袋のような紙袋を持つのが若い子たちの憧れだったので、早速そのロゴを真似て「2丁目」のロゴ入りの紙袋を販売して大ヒットさせたのも広報マンとしてのアイデアでした。

また、「2丁目ブック」「ワチャチャブック」など、2丁目関連の単行本もたくさんつくりました。

当時テレビ局は、まだ番組のステッカーやメモ帳をつくるくらいで、本格的な物販に乗り出していませんでした。私たち「2丁目商店」のほうが、圧倒的に先を行っていたと自負しています。

この物販が波に乗ると、その後、物販は「事業部」が担当することになりました。それまで「事業部」は劇場に来られる団体さん向けのお弁当やお茶の手配。それにアイスキャンディ、酢昆布などを仕入れて売っていただけでした。

私たちがグッズを生産し売りさばいて稼いでいるのを見た事業部から、「これからは物販はウチがやるから、君たちがやっているのを引き継ぎます」と言ってきたのです。

もちろん私は抵抗しましたが、会社が決めたことなのでいかんともできません。

最終的にはその権利を取り上げられてしまうのですが、「2丁目商店」が今の数々の吉本グッズの販売に繋がっているといえます。

ただし、当時は売上が目的だけではなく、劇場や芸人を「PRし、ファンを増やす」という目的が先にあったことも付け加えておきます。

こうして2丁目劇場が軌道に乗った頃、ダウンタウンも、NSC入学から4年が経ち、それぞれ22、23歳になっていました。

次は、2丁目芸人たちをいつテレビやラジオに出してもらうかが問題です。

大﨑さんとは、「2丁目劇場の座席が満杯になるまでは、テレビやラジオのメディアに行かんとこ」という約束をしていました。もちろんPRのためにテレビやラジオを利用するのは広報マンの役目にはありましたが、劇場からの中継や2丁目の芸人たちを積極的にメディアには出さないでおこうというものでした。

大﨑さんと私は、

「劇場にお客さんがが入りきれへんようになったとき、はみ出したお客さんに笑いを届けるために、初めて電波を使おう！」

と考えていたのです。

それは、こんな話を聞いていたからでした。

当時、アメリカの衛星放送でやっていたアメリカンフットボールの試合などは、「フットボール場の前売り券が全部売り切れるまでは、中継をしない」という仕組みがあったそうです。先に「衛星での放送がある」と言えば、会場の切符が売れなくなるだろうというのが理由です。

逆にいうと、切符が売り切れた時点で「この試合については衛星中継もします」と言えば、みんな有料で試合を見るようになるのです。

お金儲けのベースは、やはりライブにあります。チケットだけでなく、飲料やTシャツが売れるのもフットボールの競技場です。

私たちは2丁目劇場もまったく同じことだと思っていました。だからそれを真似したのです。もし早めにダウンタウンをテレビに出してもらっていたら、テレビの人気者にはなれたかもしれませんが、今度はライブに来てもらうのが大変になります。

テレビは流行りものが大好物なので、東京でちょっと人気が出ても、ライブで客席が

5人くらいしか埋まらなかったら「流行っていない」という噂が立ち、アッという間に消えていくでしょう。

ダウンタウンにも、テレビに出るのを後回しにして、劇場が毎日満杯になるまでは劇場をやり続けようと話しました。この時期、彼らはネタをつくることに専念し、芸人としての基礎体力を鍛えることになったことは言うまでもありません。我々スタッフも、制作や営業、PRなど、次の展開を考える時間を持つことができました。

そして開場から一年が経つと、いよいよ2丁目劇場からお客さんが溢れ出したのです。「もう立ち見でも入り切らない。ごめんさいね」ということが連日続き、お客さんの「見たい！」という欲求がついに頂点に達したとき、放送局と交渉をしてきてくれた大崎さんが、毎日放送「4時ですよ〜だ」とラジオ大阪「ラジオ2丁目劇場」の生放送を決めてきてくれました。

ここで劇場に入れなかった人が「4時ですよ〜だ」の生放送を家で見てくれ、夜9時になったらラジオで「2丁目劇場」を聴いてくれるというフローができあがったのです。

結局、相手は「人」である。
その心を大きく動かすのは、
間違いなく「生《ライブ》」であり、
そこから真のファンは育つ。

商品にはふさわしい「売り方」がある

それにしても、ダウンタウンの二人は、私たちスタッフによく付いてきてくれたなぁと思います。あのとき彼らに「やらされている感」があったら、2丁目劇場は成功しなかったでしょう。大事なのは、彼らにとっての「自分ごと」としてのリアリティがあったからです。

彼らは、「まず劇場で基礎体力を身につけて、人気を揺らぎないものにしようや」ということをすぐに理解してくれていました。

それが証拠に、彼らが先導して新しいネタや芝居をつくっていましたから。

中邨さんも、「劇場で足腰を鍛える前にテレビに上がった芸人は持たない」と考えていました。

商品にはふさわしい売り方があり、その売り方から外れると、長く売ることができず、商品自体が消えていきます。芸人という商品は、まず劇場でしっかり売れることがセオリーです。

たとえば、ザ・ぼんちの場合、漫才ブームが過ぎ、おさむさんが役者としてテレビドラマに出ていたときは、相方のまさとさんは、亀山房代という女芸人とコンビを組み、コンテストで大賞を取るくらい漫才を一生懸命やっていました。

亀山房代が亡くなったり、おさむさんのドラマの出演が終わったりした後、また二人が一緒になってザ・ぼんちとして漫才をしています。劇場で育ち、ずっと二人で舞台を務めてきたからこそ、お笑いコンビとしても長くやっていけるのでしょう。

しかし最近は、リズム芸や一発芸で瞬間的に有名になると、すぐにテレビに出して、あっという間に売れなくなってしまうことも起こっています。それでは新ネタをつくる暇がないし、ネタをつくったとしても、劇場などのナマの舞台でそれを掛けてみて、手応えを感じておかないと、自分の芸として身に付きません。

そして、もしスキャンダルでもあれば、一斉に叩かれます。お客さんも含めて、持ち上げては落とすことを楽しんでいるのでしょうか。

このように、テレビには「サイコーの娯楽のボックスであり、残酷なショーケースでもある」という側面を持っています。

私はテレビを否定するつもりはありません。今も大好きですし、テレビで育った人間だという自覚もあります。ただ、芸人を売っていくときには、テレビなどのメディアとの距離感に繊細な配慮が必要であると言いたいのです。

一般の方から「テレビに出て有名になりたい！」と相談を受けたこともありましたが、私はいつも「有名になるのは早いけど、落とされるのも早いですよ。その覚悟はありますか？」と答えるようにしていました。

「テレビでいつも見ているから、今日はナマを見に来たで」とお客さんが劇場に集まり、芸人も劇場も光っていくというのが、テレビと芸人の理想的な関わり方だと思うのです。

テレビ自体も、これから先はどうなっていくかわかりません。

動画を見る道具がテレビだけではなくなり、パソコンやスマホが誰もの手の中にある今、どの機器で見るかは重要ではありません。それよりも、どんなコンテンツを提供することができるのかだけが問われることになるでしょう。

今の時代、泣くことや笑うことのように「心を、より感動させるもの」が望まれています。

テレビと劇場を比べたとしたら、どちらがより人の心を動かすかと言えば、私は劇場だと思います。お客さんは、二度と同じものが提供されないナマの魅力に触れると、やめられなくなるのです。

だから、これからはまたライブの時代に戻っていくのではないでしょうか。

中邨さんも、二十年以上も前にこう言っていました。

「通信手段が発達した二十一世紀には、握手をする必要がなくなるか。答えは否や。相手の手のぬくもり、握るときの力強さ、そこから生まれる信頼感。パソコン通信時代だからこそ、人間の温度が大切になってくるんや」

私は、今後は日本のテレビはニュースやスポーツ、天気予報といったライブを中心に配信していくようになるのかなと考えています。

ドラマでは、制作費を何十億も何百億円もかけた海外作品がどっさり見られるようになり、ハリウッドなどの大型映画作品さえ脅威を覚える企画のネットドラマも多く出てきました。

制作費の多寡にかかわらず、つくる側は全世界の人を対象としてものをつくる時代です。日本のドラマのように、お茶の間の人気者が主役ならばいいという作品は見向きもされなくなっていくのではないでしょうか。

それぞれが、得意なもので勝負していかなければいけないのに、テレビはテレビでしかできないものを得意としてやっていないから、現在苦戦を強いられているように見えます。


実際、芸人自身も、テレビに出ているだけでは、お客さんがどんな表情で見てくれているのかがわかりません。でもライブをやっていたら、自分のファンがどれくらいいるのかがわかって、それが自信にもつながります。

現在、東京で活躍している吉本芸人の多くは劇場育ちです。

吉本興業の良いところは、劇場をいくつも持っているということ。若い芸人も、いきなりテレビにいかず、劇場を経験している強さがあるのではないかと思います。

劇場を基本に据えた吉本の販売戦略は正しかったのです。

こんなものは見たことがない――。
そんな中にこそ「待っていた」という
顧客ニーズがあるのかもしれない。
それが自然と「売れていく」ように、
視点を変え、売り方を考えよ。

ダウンタウン、東京上陸完了

開校当時は、ボウル吉本の改装費や講師料が回収できなかったら1年で廃校する、と言われていたNSCでしたが、1995年には東京にも開校し、今では月謝だけで黒字が出るほどの優良ビジネスに成長しました。

その理由は、開校時からNSCが単なるカルチャーセンターではなく、プロの芸人という「商品」をつくることに徹してきたからだと思います。

実際、卒業生には、大阪校からは、ダウンタウン、トミーズ、ハイヒール、内場勝則、今田耕司、板尾創路、雨上がり決死隊、千原兄弟、ナインティナイン、中川家、ブラックマヨネーズ、チュートリアル、フットボールアワー、キングコング、友近など。

東京校からは品川庄司、インパルス、ロバート、森三中、ハリセンボン、オリエンタルラジオ、トレンディエンジェル、渡辺直美といった芸人がいます。

NSCの卒業生の顔をテレビで見ない日はありません。

女子高生が詰めかけた2丁目劇場は、その後老朽化による建て替えのため、1999年3月に閉館しました。同年9月、若い芸人の拠点としてなんばグランド花月の向かいに「baseよしもと」がオープン。オーディションによって、NONSTYLE、千鳥、笑い飯らを排出しています。

芸人同士が舞台で競争してランクを上げていくというシステムは、お客さんと芸人を一心同体にし、競争によるハラハラやドキドキをともに体験しながらお客さんの心をとらえて離さないという、よく研究された売り方だったと思います。

同じようなシステムを、秋葉原という新しいマーケットでやったのがAKBさんです。「baseよしもと」と違っていたのは、芸人同士ではなく、お客さん同士を競わせたことでしょうか。

ダウンタウンといえば、関西でブレイクした後、1988年にウッチャンナンチャン、野沢直子、清水ミチコとともにコントをする『夢で逢えたら』（フジテレビ）のレギュラーを獲得。翌1989年、9月に『4時ですよ～だ』が終了すると、10月から『ダウンタウンのガキの使いやあらへんで！』がスタートし、本格的に東京上陸を果たしました。その後の活躍は、ご存じのとおりです。

こうして、彼らは「売れて」いったのです。

ダウンタウンは、今までの吉本の中にはないパターンの二人組でした。セオリーどおりにいけば売れる感じがしない、と考える人もいたかもしれませんが、私はむしろセオリーどおりでないところに、彼らの可能性を感じていました。ちょうど紳助・竜介が、今までにない形で売れていったのを見ていたからです。

紳助さん自身も、「花月に出るときはなかなかウケなかった」と言っています。「もう誰も笑ってくれへんから、そこの、たとえば目の前に座っているアベックだけ笑かしたろうとか、2階で居眠りをしているあのサラリーマンだけを笑かしたろうかとターゲットを絞って漫才をしましたもん！」と語っていました。

ダウンタウンも、まずは〝わかる人にはわかる〟という、対象を極端に絞った笑いで勝負し、成功していくだろうと思いました。そして、のちにはお客さんがそれに染められて付いていくのだろうことを期待していました。


私が直接彼らを知っているのは、NSCに入ってきたところから5、6年の間です。

ダウンタウンがNSCに入って1年も経たず、まだ仕事がないときに、松本が、「竹中さん、おもろいネタ考えつきましてん！」と声をかけてくれました。

私は、彼らの正式なマネージャーではありませんでしたが、NSCの担当者で、毎日ずっと一緒にいましたので、よくそんな話になりました。


「どんなん？」

「犬のぬいぐるみ着た奴が出てきて、俺と浜田でボッコボコにしばきますねん。お客さんも『もうやめたげて！』言うくらいに蹴飛ばしますねん。最後にね、その犬のおっさんがパッと被りものの頭を脱いで『ええかげんにせえ！』って言うんですわ。そのおっさん、誰やと思います？　それが三船敏郎さんですねん」

「おもろいなぁ！　三船敏郎さんには、絶対に頼まれへんけど、おもろいな！」

結局、三船敏郎さんが犬のぬいぐるみに入られたことはありませんでしたが、仕事場を東京に移し、テレビで活躍している彼らを見ると、二人がずっと考えていたこと、やりたかったこと、昔はできなかったことを、やっとできるようになったんだなぁと思いました。その後、何かの機会で会うことがあっても、なんとなく気恥ずかしくって、用件以外は話したこともありません。

そして私は私で、吉本の広報マンとして、新たな難問に頭を悩ませる日々でした。

特に「吉本新喜劇」に壊滅的にお客さんが入らなくなっていて、それをどうにかしないといけないというミッションを仰せつかって、またしてもてんてこ舞いの広報生活が続いていたのです。

第2章

吉本新喜劇を「やめよッカナ!?キャンペーン」の成功

モノにも人生がある。
成長、成熟、衰退。
それぞれの時期に
どんな手を打つか、
それが問題だ。

それは一枚の声明文から始まった

「吉本新喜劇の明日の為に、現在の体制を解体します。
よって作家、役者とも全員解散致します。」

1989年7月17日、なんばグランド花月の楽屋に突然、一枚の声明文が張り出されました。

書いたのは私です。

発表当日、「『解雇』という言葉がきついのでもう少し柔らかい表現にせぇや」という指示が役員からあり、「解散」に差し替えました。

私は、たまたま楽屋にいた間寛平さんと池乃めだかさんに、

「えらいことになってますやん！」

と、自分が書いた声明文のことを伝えると、何も知らない二人は楽屋から飛び出していきました。

「オーディションで、役者さん、スタッフを選び直します」

「1989年10月1日から1990年3月31日までの半年間で、うめだ花月に18万人の観客が来なければ、吉本新喜劇をやめます」

二人は張り出された声明文を読み、突然のことにただ茫然としています。

私は、「寛平さんとめだかさんがえらい驚いてますわ！」と、楽屋にいた新聞記者を呼んできて、声明文と困惑している寛平さんたちを写真に撮ってもらいました。

翌日の新聞には二人の顔の写真とともに、吉本新喜劇がなくなるかもしれないという「吉本新喜劇やめよッカナ!?　キャンペーン」の内容が大きく掲載されていました。

自作自演というか、マッチポンプというか、とにかく広報である私の仕掛けによって、全くお金をかけずに、世間と吉本興業社内に「吉本新喜劇やめよッカナ!? キャンペーン」が一日にして伝わったのです。

たちまち吉本新喜劇に関わる役者、スタッフに激震が走り、全国のマスコミも大騒ぎとなりました。

芸人をつくるためにNSCを創設し、新しい芸人のショールームとしての2丁目劇場を軌道に乗せた、広報マンの私の次なるミッションは、〝商品価値を失いつつあった〟吉本新喜劇を復興させることでした。

若い人たちに熱狂的に支持され、ひとつの社会現象と言えるほどにぎわっていた2丁目劇場にくらべ、確かに吉本新喜劇は寂れていました。

舞台に役者が15人以上いるのに、客席には5人しか座っていない。「ケンカしたらお客さんが負けるで」という惨状が、もう何年間も続いていたのです。

とはいえ、吉本新喜劇は当時30年の歴史を持ち、大御所の芸人さんたちがたくさん関わっています。何よりも、関西人の「心のふるさと」ともいうべき場所を、終わらせるにしろ、復活させるにしろ、一筋縄ではいかないことは目に見えていました。

「こらぁー、エライことになってしもたわ！」

それが私の本音でした。

吉本新喜劇の栄光と凋落

吉本新喜劇は1959年3月1日、「うめだ花月劇場」のオープンとともに始まりました。当初は「吉本ヴァラエティ」という名前で、テレビの放送権を開局したばかりの毎日放送に渡したのです。毎日放送では、現在も「吉本新喜劇」という名前で、毎週土曜日にオンエアーされています。

さらに1962年に「京都花月」、翌年に「なんば花月」と立て続けに劇場をつくり、そちらでも「吉本新喜劇（62年頃「吉本バラエティ」より改名）」が上演されていました。

しかし、すでに大阪には、道頓堀に松竹が経営する「角座」という演芸場が、また道頓堀・中座や京都の南座などで上演されていた「松竹新喜劇」もあり、それらが不動の人気を誇っていました。

松竹新喜劇が、藤山寛美さんを座長とした本格的な芝居であるのに対し、「吉本バラエティ（吉本新喜劇）」はナンセンスでドタバタな、コント的な要素の強い芝居でした。しかも芸人の数も足りず、常に「松竹新喜劇」の後塵を拝していました。

一時は団体さんが演芸場「角座」に観劇を申し込んで満員だった場合、「吉本さんなら座れるよ！」と案内していただき、そのとおり、団体の皆さんにゆっくりご覧いただけたというエピソードもあったほどです。

当時社長だった林正之助は映画館であった劇場を演芸場「うめだ花月」に改装する際、「あんまり流行らへんかったら、パチンコ屋にでもしてしまえ！」と檄を飛ばしたと言います。このとき現場で奔走したのが、のちに吉本興業の社長を務めた八田竹男《はったたけお》と、大学を卒業したばかりの中邨秀雄でした。

八田さんは「ウチは後発だから、思い切り走るしかない。名もなき芸人ばかりでいい、芸で勝負せず、ドタバタで勝負や！」と言い切ったそうです。

中邨さんも当時を振り返り、「僕の頭にあったのは、どうしたらお客の入る舞台ができるかだった。稽古は連日、深夜に及んだ」と語っています。

その後、1960年代後半から、笑福亭仁鶴、桂三枝（現六代文枝）、横山やすし・西川きよし、中田カウス・ボタンなどといった活きのいい若手芸人が台頭。

1970年、大阪に万博景気が訪れると、花月や吉本新喜劇の人気が爆発し、1980年初頭には角座を抜き去ることとなりました。

私が生まれたのは、うめだ花月劇場ができた同じ年の2月。「新喜劇」といえば、「松竹」ではなく「吉本」であり、我が人生、吉本新喜劇とともに成長してきたという自覚があります。

1970年代、私がちょうど小学生のときは、吉本新喜劇が西日本で大ブームでした。毎週土曜日は毎日放送でうめだ花月、当時は日曜日にも朝日放送でもなんば花月の吉本新喜劇を中継していました。それぞれ座長が違い、出演者もストーリーも別物でした。週末はテレビの前に釘づけになり、必ず両方をチェックして、月曜日に学校に行ったら、週末に仕込んだ芸人のギャグを真似してクラスメイトを笑わせるというのが、小学生たちのスタンダードになっていたのです。

実は、吉本新喜劇が最終的に「角座」を破った勝因は、テレビとの連動にありました。「角座」は、あくまで伝統的な演芸にこだわり、芸人の出番の順を自由に入れ替えられませんでした。序列を重んじたからです。一方、「花月」はテレビの仕事の都合で出番を入れ替えまくり、中には代演と言う形で出演者が当日、同格の者に入れ替わることも多々ありました。角座の背中を必死に追いかけていた吉本は、戦前にラジオという新進メディアと組んだように「これからは映画に変わってテレビが覇権を握るだろう。そのときお笑いは重要なコンテンツになる」と早くから目を付けていたのです。

その読みは的中し、60年代に入ると、テレビが一気に家庭に普及し、放送局の開局ラッシュとなり、70年代半ばに吉本は関西のお笑い界を制したのです。

吉本興業は戦前、当時ニューメディアだったラジオと共存することで劇場に来るお客さんを増やしています。このように、メディアミックスという手段は、吉本興業の得意とするところでした。

ところが、誕生から30年近く経った頃、吉本新喜劇はマンネリ化し、出演者の顔ぶれが決まってしまい、若手が育っていませんでした。絶好調だった頃は毎週のように新しい人気者が現れ、新しいギャグに出会えたのに、そんな新鮮さが失われていました。

かつては夜遅くまで続いたという稽古もしなくなっていましたが、それでもなんとか芝居が回っているし、お客さんも見に来ているし、笑ってくれます。

しかし現実には、それはもう現状維持にすらなっていませんでした。

演劇の世界では、「誕生から歳が経ったら、お客さんも同じだけ歳をとる」と言われています。創業当時に吉本新喜劇を観てくれていたお客さんたちも、30年の間にどんどん離れていきます。その代わりとなる新しいお客さんを、新しいマーケットから持ってこなければいけなかったのに、吉本新喜劇はそれができていませんでした。
こうして、吉本新喜劇はどんどん年老いていったのです。

花月劇場のプログラムとして、出番の順は若手、中堅、ベテラン芸人と並び、大御所によるトリ(出番の最後)の漫才・落語が終わって幕が下りると、最後のお楽しみ、吉本新喜劇のセットの準備が始まります。ここでお客さんはトイレなどに行って、吉本新喜劇のはじまりを待ったものです。

しかし吉本新喜劇低迷期には、トリが降りたあと、劇場から帰られる方々が増えていったのです。

お客さんがいなくなった吉本新喜劇は、名所旧跡みたいな存在になっていました。

たとえば、地元の人が大阪城を知ってはいるけれど、わざわざ見に行く人は多くありません。吉本新喜劇も、昔からそこでやっているのは知っているけれど、行ったことない、見たことないという状態で、過去の遺産ではあるけれど、現役の商品ではなくなっていました。

一方、MANZAIブームがあったり、NSCが新しいタレントをどんどんつくったりしているなかで、社内でも「吉本新喜劇だけ何、ボーっとしとんねん。手を加えなアカン」という空気はありました。

制作会議では「新喜劇は何も稽古しなくてもおもろいな。永遠のマンネリや！」などと話す人もいましたが、NSCや2丁目劇場を立ち上げ、形にしてきたスタッフの一人である私にしてみれば、

「おもろいなんて言うてる場合やないですよ！　お客さんは途中で帰りはるし、人気は無いし、次のスターも生まれてへんし、テレビの数字も落ちてますよ！」

と内心思っていました。ただ、それを口に出すと「じゃあ、お前何とかしろや！」と言われるに決まっているので、私はひたすらうつむいていました。

しかし何の因果か、「アンチ花月」を掲げていた2丁目劇場が一服したところで、大﨑、中井、竹中という2丁目軍団が〝吉本新喜劇再興〟に向けて、光栄なことに指名を受けたのです。

「アンチ花月」とは言っていましたが、大﨑さんも私も中井くんも、吉本新喜劇を観て育ち、大好きでした。

「おもろいやつがヒーローや！」

吉本新喜劇は私たちにとって、いや、関西人にとって、笑いのルーツであり、DNAにも叩きこまれてしまった不可欠な存在です。

吉本に入って新喜劇が「おもんない」と言われ、誰も見ていない状況に対して、私たちは「なにくそ」と思うし、「これで終わってたまるか」という気持ちもあったのです。

「モノを売る」とは、
相手を「理解する」こと。
炎上か、共感か。
顧客「らしさ」は重要だ。

「やめよッカナ⁉」という自虐でお客さんに問いかける

「吉本新喜劇やめよッカナ⁉　キャンペーン」というネーミングは、「オモロイ、アイデアもろてきてん」と大﨑さんからの発案でした。

伝統ある新喜劇を、いかに解体し、再興するか。難しく考えないで、「もうやめちゃおうかな？　お客さん、そういうのん、どう思いますか？」と、シンプルに世間に問いかけてみようというものでした。大﨑さんに「どこを平仮名にして、どこを片仮名にするか、お前、考えろや」と言われ、最終的に「やめよッカナ⁉」としました。

そもそも関西人には「自虐の美学」というのがあって、自分を笑うことで人に笑ってもらおうとするし、注目されようとします。

「やめよッカナ⁉」にも、自虐とまではいかないまでも、本音を語り、自分のことを全部オープンにするという、関西人に共通したノリがありました。

見る人が減ってきたから、こっちを向いてほしい。

そこで、あえて「応援してくれはれへんかったら、やめよッカナ⁉」と自虐的に言ってみて、「そうか、やめるんやったら、1回くらい観に行ってあげようかな？」とお客さんの共感を呼ぼうという狙いがありました。

この、ちょっとズルい、いかにも関西人らしい〝にじり寄り方〟は、引き留めたいお客さんが関西人だったからこそ、成功したコピーだったと思います。広報である私も、これ以外の言葉は思いつきませんでした。

一方、関東人は、関西人流の自虐の美学は通用しないので、もし東京で「やめよッカナ⁉」とやったら、お客さんに「あ、そう。なら、やめれば？」とクールに捉えられて、うまくいかなかったかもしれません。

キャンペーンのゴールである「半年間で18万人」という数字は、単純計算すると、1カ月で3万人、1日千人です。かなり厳しい数字のようですが、うめだ花月が七百人弱のキャパの劇場で、平日は1日に2回公演、また日曜日・祝日には3回公演していました。だから頑張れば達成できそうという目標数で、ほどよい目標設定だったと思います。これが天文学的な数字だったら、失敗していたでしょう。

新喜劇に関わる人たちに言わせれば、「劇場には新喜劇だけを見に来ているわけやない。漫才や落語を見に来ているお客様もいてはるやろうから、お客が来ないのは自分たちだけのせいちゃうで」という気持ちもあったようです。

しかし、MANZAIブームの前は、新喜劇を観るために、お客さんが劇場に足を運んでくれていたのです。そこには新喜劇を見る料金も含められているのに、ご覧にならずにお帰りになる方が増えてしまったのです。

「かつては新喜劇が吉本の看板だった。その自負があるなら、新喜劇を観に来る人が月間3万人いてくれたら合格としよう」と押し切りました。

キャンペーンはマスコミでは大々的に取り上げられ、話題も集めましたが、気になるのは林正之助会長がどう思っているかです。

1899年生まれの林会長は、当時はまだお元気で、2丁目劇場にもよく顔を出していました。ダウンダウンの松本が、「林会長のステッキは、ファッションじゃなくて、言うことを聞かない芸人や社員をしばくために持ってはんねん」とネタにしたことを聞きつけ、「ステッキはそんなことには使ってないと言うとけ！」と言ったという逸話もあります。シャレにはシャレでお返しができるビッグボスでした。


林会長は戦前戦後と、吉本興業をつくり上げてきた人物ですから、吉本新喜劇のプログラムも大事に育ててきたはずです。商品価値が暴落してしまったとはいえ、吉本新喜劇は長い間劇場で大トリを務めてきた存在でもあり、ある日突然看板がなくなったら「お前ら、なにしとんねん！」と激怒されるかもしれません。

そこで、私たちの当時のボスである制作部長だった木村政雄さんが、「吉本新喜劇やめよッカナ!?　キャンペーン」について林会長にお伺いをたてに行きました。

すると、林会長はたったひと言、
「あんなかさばるもん、早うやめてまえ！」
と言ったそうです。

新喜劇は役者が15～20人、裏方も15～20人という大所帯です。セットや衣装、道具も必要です。10日間の出し物をつくるのに、50～60人の人件費と費用がかかります。

新喜劇の45分を埋めるとしたら、漫才なら3組で済みます。マイクが1本あれば、あとは家から衣装を持ってきて芸人がしゃべるだけなので、50人もの人件費がかかりません。林会長はこのことをよく知っていました。

一方、木村さんの言葉の中の「キャンペーンの本意は、新喜劇をやめることではなく、建て直すことと考えています」という真意が、会長に伝わったからこそ、「やめてもえぇで」という言葉につながったのだと思います。

会長のお墨付きをもらったことで、木村部長は「これで自信を持ってやれるなぁ」と言い、私たちも俄然動きやすくなりました。

10月1日、劇場前に電光掲示板を掲げ、

「吉本新喜劇存続まであと◯◯人」

というカウントダウンが始まりました。私は、

「オーディションで、若手役者を40人合格させました」

「お初天神の境内をお借りして、公開の稽古をはじめました」

などなどと毎日のように話題を発信しつづけました。

必要ならば、必ずチャンスはある。
まずは「問題」を見つけることだ。
答えはたいてい「自分」の中にある。

過去の栄光を捨てられない

1970年代に大ブームとなった吉本新喜劇は、なにもかもが時代に取り残されていました。

新喜劇の台本は、「芸人の持ちギャグ」が必ず入っていますから、ストーリーを最初から最後まで知らなくても、自分の見せ場の手前の台詞だけを覚えておき、お弟子さんや若手が「師匠、そろそろ出番ですよ！」と舞台袖に呼びに行って、「ほな、出よか」と舞台に立ち、ひとしきり自分の持ちネタをやれば、舞台が回っていきます。

そのネタとは、私たちが小学生の頃に面白かったギャグです。稽古もほとんどせず、全てがルーティンになっていました。

新喜劇に力があった時代は、若い役者も新しいギャグをアドリブで言って、「お前、なんやねん！」と古参の怖い芸人に怒られながら芸を磨いていました。もしうまくお客さんを笑わせたら、「良かったな」と言ってみんなで拍手をして、舞台が終わったら一緒にお酒を飲む。そんないい循環がありました。

しかし、次第にルーティンが定着していくと、若い人のアドリブに対して「余計なことをやるな」「誰がセリフ変えてもええ言うてん！」と大先輩からの圧力が加わるようになります。その結果、やる気のある若手が委縮して、「喜劇」の求められる現代性や爆発力が失われていきました。

時代に取り残されていたのは、役者だけではありません。舞台設定もまた、全盛期で止まっていました。

昭和30年代を描いた『ＡＬＷＡＹＳ 三丁目の夕日』のような映画でしたら、話は別ですが、平成の時代には存在しない設定も多く見られました。

たとえば、通天閣の明かりが見えるキャバレーの裏にあるうどん屋の屋台が舞台で、キャバレーから出てきたホステスさんが見たこともないような古臭い柄のドレスにジャンパーを羽織って出てくるといった様子も見受けられました。

それを笑いにするわけでもなく、そういう舞台設定のまま進められていく喜劇には、もはや「新」は付けられません。しかも、制作担当者も台本を書く作家さんも道具さんも、それを良しとしているという有様でした。

お笑いとは、ある意味、演出家や作家より、その場で笑いを取っている芸人が強いという世界です。舞台でウケている役者のほうが力を持ちますから、「俺らこれでやってきたんやから、お前ら若い奴が何を言うとんねん」という空気が蔓延し、若手の新喜劇担当のプロデューサーも育っていませんでした。

結局、新喜劇は、過去の成功体験を捨てられずに、商品価値を失っていったのです。

しかし、これは新喜劇に限らず、どこの業界でも同じことが起こっているのではないでしょうか。

過去の栄光、過去の成功体験にとらわれるあまり、新しいものや変化を受け入れられなくなることが、組織が腐っていく本質的な部分だと思います。

大リストラが始まった

「やめよッカナ⁉　キャンペーン」当時の吉本新喜劇には、多くの大御所の役者さんがいらっしゃいました。

硬直した新喜劇を生き返らせるために、どうしても大鉈を振るうしかありません。

劇団員は、全員がフリーランスです。役者としていい仕事をしてくれれば引き続き雇うし、そうでなければ辞めてもらうという、厳しい世界です。それは、新喜劇の役者に限らず、漫才師でも落語家でも一緒です。

まず、木村さんと大﨑さんが、すべての関係者と個人面接をしました。新喜劇の問題点を説明し、次に新喜劇をつくり直すこと、ちゃんと台本を読んで稽古もすることを伝え、そのうえで新生新喜劇のメンバーとして参加できるかどうかの確認をしました。面接は、役者だけでなく、大道具や衣装といったスタッフにも及びました。

私は広報マンとして、関係者の危機感をあおり続ける役割がありました。

たとえば、アルバイト情報誌に新喜劇の劇団員募集広告を載せ、「吉本新喜劇、こんな広告打ってますよ、みなさん！」と残った劇団員に見せました。これも、本気で「やめよッカナ!? キャンペーン」に取り組んでいることを伝える、いわば社内広報です。

こうなると、役者たちも真剣にならざるを得ません。今では人を食ったやり方だったと反省しておりますが、当時はそれくらいしないと、新喜劇の再生ができないと考えていました。

当然、世代交代も避けられないことでした。

今まで新喜劇を支えてくれた岡八郎さんと花紀京さんには、大阪の梅田コマ劇場や新歌舞伎座、東京の明治座や名古屋の中日劇場などで公演されている一カ月単位での商業演劇の舞台のお芝居のオファーがありましたから、新喜劇のスケジュールを解除して、どんどん出演してもらうことにしました。

原哲男さんも、『新・部長刑事 アーバンポリス24』という大阪ローカルの刑事ドラマに出演していたので、「そちらの撮影が空いたときに、また新喜劇に出てください」とお願いしました。船場太郎さんはその後、1991年に大阪市会議員となり、連続6期24年務められ、コメディアンから政治家に転身を果たしました。

吉本にとって芸人は大切な商品です。「リストラ」といえば、血も涙もない悲劇的なイメージですが、ベテランの芸人を切り捨てず、「卒業」という言い方をして可能な限り新しい活躍の舞台を用意したのです。

2001年の年末、第52回NHK紅白歌合戦で花紀京さんとダウンタウンが一緒に「明日があるさ」を歌ったのも、その流れがあったからこそ実現できたといえます。

勝者を決めるのが顧客なら、
敗者を決めるのも顧客だ。
売れないときは顧客を一番に
考えていないと認めるべきだ。

2丁目芸人の「新しい血」を入れる

重鎮たちが卒業した新喜劇にやって来たのが、板尾創路、今田耕司、東野幸治、130Rホンコンら、いわゆる「2丁目芸人」たちでした。

2丁目劇場では「アンチ吉本」を打ち出し、既存の吉本新喜劇も打倒しようとして「2丁目物語」という喜劇制作にも挑戦しておりました。

「お笑いも小劇場の時代は終わった。これからは新喜劇の時代やで！」と彼らをだまして(笑)、全員を花月に引っ張ってきたのです。意外にも、2丁目芸人たちは、新喜劇を自らの新しい舞台として、熱心に取り組んでくれました。

若い芸人たちの参入によって火が着いたのが、池乃めだかさん、チャーリー浜さん、桑原和夫さん、井上竜夫さん、島木譲二さん、末成由美さんたちです。率先して、新入メンバーとの前向きな関係を築いてくれ、新生新喜劇を一緒につくることを宣言してくださいました。

「こういう振りがあるからお客さんが笑うねんで」

「そこ、そんなにスピード出して、飛ばしたらお客さんは付いてけぇへんで」

などと、新喜劇の流れや空気を若手に指導するようになりました。

とはいえ、2丁目劇場出身の若手と、長年新喜劇でやってきた芸人との間には、やはり溝があります。そこは私が間に立って「めだかさんのところに行って教えてもらいや」「チャーリー浜さんに『飲みに連れて行ってください』て誘うたら⁉　アカンと思うけど」と、若い連中をけしかけました。劇団は、やはり「師匠、師匠」、「兄さん、兄さん」と言って、お互いに馴染んだほうがやりやすくなりますから。

やがて新旧の劇団員がうまくシャッフルし始め、新しい笑いが生まれるようになりました。

若手とベテランが一緒にギャグをつくるとか、若手にいじられればベテランが乗るとか、次第に新しい新喜劇のかたちができあがり、2丁目劇場でできていたことがようやく新喜劇でもできるようになりました。

一方、旧メンバーが2丁目の笑いの理解を深めていったとも言えるでしょう。

せっかく役者が新しく変わったのに、話が古くて面白くなかったら、元も子もありません。舞台設定も現代性を持たせるものに変えました。

それまで中心だった工事現場の横の飯場（労働者の宿泊所）などから、旅館、夏祭り、公園の横の屋台など、ぎりぎり「懐かしいな」と感じてもらえるシチュエーションを追求しました。

「これからは、今までやってこなかったことをやろう」と、台本作家たちも意欲的に取り組んでくれましたが、失敗もたくさんありました。

学園ものでは、役者数が足りなかったので、めだかさん、島木譲二さんらも学生服を着て舞台に登場したら、お客さんから「そんな生徒おらへんやんけ！」と言われたり、突然、舞台が西部劇に出てくるバーになったりして、「いくらなんでも、舞台設定、飛びすぎやで」と言われたり。

しかし、稽古をすること、台本をつくること、新しい新喜劇をつくっていくことを、劇団員、スタッフが一丸となって取り組んでくれました。

結果的に、リストラの在り方としては、ベストだったのではないかと思います。

1 本書をお買い求めいただいた本のタイトル名

2 本書についての感想、ご意見などをお聞かせください

3 本書のなかで一番良かったところ、心に残ったひと言など

4 本書をお買い求めになった動機は何ですか？

1. 書店で見て　2. 新聞広告を見て　3. 雑誌の紹介記事を読んで
4. 知人にすすめられて　5. その他（　　　　　　）

5 最近読んで良かった本・雑誌・記事などありましたら

6 今後、経済界に出してほしい本があれば教えてください

7 ご意見・ご感想を広告などの書籍のPRに使用してもよろしいですか？

1　実名で可　　2　匿名で可　　3　不可

ホームページ　http://www.keizaikai.co.jp　　ご協力ありがとうございました。

郵便はがき

料金受取人払郵便

赤坂局承認

4575

差出有効期間
平成30年6月
19日まで
切手を貼らずに
お出しください。

107-8790

東京都港区
赤坂1-9-13
三会堂ビル8F

111

株式会社 経済界 愛読者係行

フリガナ		性別	男・女
お名前		年齢	歳
ご住所			
電話			
メールアドレス			
ご職業	1 会社員（業種 ） 2 自営業（業種 ） 3 公務員（職種 ） 4 学生（中・高・高専・大・専門・院） 5 主婦 6 その他（ ）		

本書をご購入いただきまして、誠にありがとうございます。

本ハガキで取得させていただきますお客様の個人情報は、厳重に取り扱います。
ご記入されたご住所、お名前、メールアドレスなどは、企画の参考、企画用アンケートの依頼、および商品情報の案内の目的にのみ使用するもので、他の目的では使用いたしません。

弊社および関連会社からご案内を送付することがあります。
不要の場合は、右の口に×をしてください。 不要 □

コモディティも
成熟市場も存在しない。
価値創造を諦めなければ、
新たな機会は
いくらでも存在する。

サブカルファンも巻き込んで動員18万人を達成

「吉本新喜劇やめよッカナ⁉ キャンペーン」のメインビジュアルを描いてくれたのは、漫画家の蛭子能収さんでした。

『ガロ』（青林堂）という漫画誌を読んだら、蛭子さんの作品が面白かったので、お願いすることにしたのです。

当時、蛭子さんは、長い不遇の時代を経て、ようやく「ヘタウマ」漫画家として注目され始めた頃で、インディーズバンドのレコードジャケットや小劇団のポスターを描いたりしていました。

また、フジテレビのプロデューサーだった横澤彪さんの目に留まり、「笑っていいとも！」に出演するなど、タレントとしても活動するようになっていました。

私は蛭子さんの自宅の電話番号を調べ、いきなり連絡をして、「『吉本新喜劇やめよッカナ!? キャンペーン』のポスターを描いてください!」とお願いしました。

「でも、僕、竹中さんのこと知りませんよ」

「いや、私が知ってますからそれでええんです。一度お会いしましょ」

後日、待ち合わせに指定した渋谷駅の高架下のフルーツパーラーに蛭子さんはやって来ました。『ガロ』に載っていた漫画のイメージどおり、飄々としたおっちゃんでした。

そこでキャンペーンの趣旨を説明し、ポスター用に月に1回、4コマ漫画の新作を描いてもらうという約束を取り付けたのです。

4コマ漫画を頼み始めた頃、ちょうど蛭子さんが「笑っていいとも!」のテレフォンショッキングに出ることになりました。

テレフォンショッキングでは、ゲスト宛てのたくさんの花輪や電報が紹介されます。

私は、丸い形に脚がついている花輪を「吉本新喜劇一同」で送りました。このタイプの花輪は大阪ではよく見かけましたが、東京では珍しいので、きっと映してもらえるだろうと思ったのです。


オンエアー中、ド真ん中に置かれた花輪を見て、タモリさんが言いました。

「蛭子さん、吉本新喜劇で何をしているの？」

「いま、宣伝のポスター描かせてもらっています」

このやり取りは、しっかり放映されました。

もう使えるものは全部使うという、「金をかけない広報」の真骨頂です。


蛭子さんがが描いてくれたイラストは、無料配布用のシールにしたり、スタッフジャンパーの背中にプリントしたりと、いろいろ使わせてもらいました。

そんなに高いギャランティーは払えなかったので、せめてものお礼にと、蛭子さんと、亡くなられた奥様を大阪にお招きし、てっちりをご馳走させていただきました。

「大阪のてっちり、嬉しいわ」と、奥様がとても喜んでくださったことを覚えています。

お二人を吉本新喜劇にも連れて行きました。うめだ花月に足を踏み入れた途端、蛭子さんが、「竹中さん、ここのロビーから新喜劇が始まっているんですか⁉」と驚いています。

「ここは新喜劇ちゃいますよ、ほんまもんのロビーですよ」

「いや、新喜劇でしょう？」

蛭子さんには、売店のショーケースの真ん中にポツンと「都こんぶ」だけが置かれていて、アイスキャンデーも一種類しかなくて、他のお土産物が全然ないような、そんな売店を見て、新喜劇のセットだと思ったのでしょう。

その後、蛭子さんは本格的にブレイクしました。

キャンペーンには、もうひとり、サブカルの騎手を巻き込みました。

みうらじゅんさんです。

私とみうらさんは古い友人で、新喜劇にも以前から深い関心を寄せてくれ、ひとり東京で「新喜劇おもろいで！」と言い続けてくれていました。

彼は当時、『ガロ』などで漫画を描いたり、『ビックリハウス』や『宝島』といったサブカル誌で関西ネタや怪獣ネタのイラストエッセイを描いたりして、人気を博していました。

みうらさんにも新喜劇PRのためのイラストを描いてもらいましたが、彼の功績は何といっても大ヒットした『吉本新喜劇ギャグ100連発』のビデオをプロデュースしてくれたことです。

私とみうらさんの長年の夢は、吉本新喜劇のクリップ集をつくることでした。その話をCBSソニーの友人にしたところ、すぐに受け入れてくださり、私たちは大喜びでした。

タイトルは「100連発」でしたが、往年のギャグを中心に選びに選んだ中身は、軽く100本を超えていました。まだDVDなどがない時代で、ビデオテープ以外にレーザーディスクも発売しました。収録ギャグ全てが頭出しできるようにチャプターに番号を振り、その中にインデックスも設けました。

「吉本新喜劇ギャグ100連発」は、吉本興業初のビデオソフトとして、1989年12月11日に発売されました。クリスマスや年末商戦の目玉としてぶつけたつもりでしたが、思ったほど売り上げが伸びません。

『吉本新喜劇やめよッカナ!? キャンペーン』の起爆剤となって欲しかったのに、このままじゃ不発に終わってしまうやんか！

焦った私は、翌1月13日になんばグランド花月で『吉本新喜劇ギャグ100連発』と銘打ったイベントを行いました。

構成は、ビデオ作品の企画者のみうらじゅんさんを進行役に置き、彼が舞台でこたつに入り、ビデオを見ていると、ビデオに登場する芸人が、挨拶をしながら舞台上にも現れ、持ちネタで笑いを取るという体裁です。

イベント当日、劇場に詰めかけたのは、新喜劇の全盛期を知らない、雑誌『宝島』や『ぴあ』を読んでいる、ロックが好きで、小劇場が好きで、怖いもの見たさに初めて花月に来たというような、10代の若者たちでした。みうらじゅんさんがキーマンとなり、狙いどおり、サブカル好きのお客さんを足し算できたのです。

若い人たちが往年のギャグに大笑いしているのを見て、私は「来るな」と思いました。「これは売れるぞ！」と。

実際、『吉本新喜劇ギャグ100連発』はよく売れました。当時のスキーバスや旅行のバスの中では、運転席の後ろにあるモニターでかけっぱなしにしていたという話をたくさんの人から聞いています。海外に赴任中の友だちが、「子どもが日本語を忘れないように見せていた」と言われたときには、「かえって教育に悪いで」と返事をしておきましたが……。

こうしてサブカル客の取り込みにも成功し、『吉本新喜劇やめよッカナ!? キャンペーン』は、1990年3月25日に動員18万人を達成できました。

その勢いのまま、4月14日には東京・池袋サンシャイン劇場にて、吉本新喜劇が東京に初上陸を果たしました。

一度ついた勢いは止まりません。今度は、チャーリー浜さんの「びっくりするじゃ、あ～りませんか」というギャグが日本中で流行り出したのです。

ちなみに「チャーリー浜」という芸名の名付け親は私と大﨑さんです。チャーリー浜さんは元々「浜裕二」という名前で長年活動していました。吉本新喜劇では大阪人離れしたキザな役どころが多く、「〇〇じゃ、あ～りませんか」というセリフ回しで笑いを取っていました。

あるとき舞台上で「君カオルちゃん？　僕チャーリー」と自己紹介をしているギャグを見ていて、「自分のことをいつも『チャーリー』言うてんねんから、あの人、これからチャーリーにしてまいましょうか？」と、私が大﨑さんに相談して、本人には言わず勝手に「チャーリー浜」としてポスターをつくってしまいました。そして私から、

「あっ、浜さん、ポスターを見たら、芸名変わってますやん！」

「えー、ホンマや、名前が変わってる。まっ、それならそれでいいか?」

という、またしてもマッチポンプ作戦で、東京上陸をきっかけに芸名をチャーリー浜とリニューアルしたのです。


1990年の年末、私はたまたま自宅でフジテレビの「プロ野球珍プレー・好プレー」という番組を見ていました。その中でみのもんたさんが、「ファインプレーじゃあ〜りませんか」といったのを聞いて、思わずリビングの椅子から転げ落ちました。

「あ〜りませんか」は関西だけのものだと思っていたのに、全国ネットの番組で聞こえてきたから、あまりにびっくりしたのです。ちょうど吉本新喜劇の舞台で芸人が全員ひっくり返るみたいな感じでした。

新喜劇がようやくここまでたどり着いたんだなあ、とすごく感慨深かったです。


1991年、チャーリー浜さんがサントリーの「ポケメシ」というスナック食品のCMに起用されると、彼の「ポケメシじゃあ〜りませんか」というギャグが本格的に全国のお茶の間に流れるようになります。

「あ〜りませんか」は同年の流行語大賞にもノミネートされ、吉本新喜劇ブームを後押ししてくれました。

チャーリーさんのブレイクは、「人が化ければ会社も化ける」という中邨さんの言葉を具現化したものであるといえるでしょう。

テレビというメディアをうまく利用して、吉本新喜劇はライバルを制し、再生を果たしました。

しかし私には、電波以外にも「活字」というメディアを持っていました。この活字こそが、大阪の芸人を東京に浸透させ、ファンを拡大させていくのに不可欠だったのです。

第3章

商品を知ってもらうために『マンスリーよしもと』創刊

ブランドの真の強さは、
一瞬の広告やPRではない。
時間と努力をかけて築いた
「信頼」という価値にある。

自分たちだけの「記者クラブ」をつくる

「金をかけずに、新聞や雑誌などのメディアに大きく取り上げてもろて来い！」

中邨さんから何度も叩きこまれたこの言葉は、「広報がするべきこと」を最も端的に言い表しています。

商品を世の中に広めていく手段には、「広告」と「広報」の2つがあり、広告はお金をかけて媒体を買うことで、言いようによっては、お金さえあれば誰にでもできることです。それに対して広報は、お金をかけずに媒体に掲載してもらうのですから、アイデアや新しい視点がないとできません。

私が配属された宣伝広報室は、新設されたばかりでした。それまでは吉本に広報の部署がなかったので、広報の仕事を先輩に習うこともできません。習いようがないことは、自分で見出すしかないのです。

どうしたらメディアに記事を取り上げてもらえるのか、それを考えることが私の仕事でした。

今では新聞や雑誌、テレビ局には吉本番の記者や担当者がいますが、その当時は芸人が何か問題を起こしたときだけ新聞社の社会部の記者が現れるという感じで、文化部の人が積極的に取材に来てくれることはなかなかありませんでした。

「お金をかけずに記事を書いてもらうには、まず記者と仲良くなることからや。そのために、相手の仕事の内容を理解しよう」

そう考えた私は、朝日、毎日、読売、産経などのセット紙から、サンスポ、スポニチ、報知、日刊、デイリーといったスポーツ紙や、夕刊フジ、新大阪、関西、大阪日日などの夕刊紙まで、毎朝読み込んで、記事をスクラップすることにしました。

すると、いくつかのことに気がついたのです。

たとえば「ある映画がクランクインした」というニュースが、A紙には大きく載っているのに、B紙では扱いが小さい、あるいはC紙は東京の記事ばかり掲載している、D紙は大阪の記事が多いなど、各紙には特色や傾向がありました。

さらに、映画会社やテレビ局が常々、情報を担当記者に送っているのだろうということや、会ったこともないデスクの気持ちまで、なんとなくわかるようになってきました。デスクの気持ちとは、「読者はこういう記事を読みたいだろう」と読者の気持ちを推し量ったものです。それに基づいて、記者が取材してきたネタを、「これはトップで行けるな」「これは小さくていい」「文字だけのベタ記事でいい」と判断し、スペースの割り当てを決めているのです。

記事ができるまでの流れを理解し、記者はどんな情報を望んでいるのかが何となく把握できてきたので、私も見よう見まねで、あるイベントの記者会見をやってみることにしました。

当時の本社は心斎橋にありましたが、多くの新聞社が集まっている梅田付近でやれば、記者に来てもらいやすいだろうと、わざわざ桜橋の産経会館の小さい貸し会議室を借り、案内を各紙に送りました。

そして記者会見当日。私は受付に座り記者を待っていましたが、残念ながら、あまり集まってくれませんでした。

（なかなか引っ掛かれへんなあ……）

実は当時、漫才などの「演芸」は、どちらかというと記者からは相手にされていませんでした。というのは、当時、関西では演劇が盛んで「関西演劇記者クラブ」なるものが存在したのです。

宝塚大劇場、梅田コマ、松竹座、新歌舞伎座、中座、朝日座などの伝統のある劇場もありましたし、その他に劇場と言えば、サンケイホール、毎日ホール、ＳＡＢホール、中之島中央公会堂、三越劇場、パルコスタジオ、島之内小劇場、高島屋ホールなどもありました。どれもが毎日使用されているわけではありませんでしたが、それ相当の劇団数や、東京などからの来演も多かったのです。そんなこともあり、「関西演劇記者クラブ」が存在し、各新聞社にも演劇担当記者がいました。

一方、演芸については「漫才？　知らん、知らん！」というような扱いで、演芸担当記者もいないし、当然記者クラブもありませんでした。

「じゃあ、僕が勝手に『関西演芸記者クラブ』をつくったろ」

私はそう決めて、手に入れた「関西演劇記者クラブ」の名簿にある記者にチラシや手紙を勝手に送っては、届いた頃を見計らって毎日電話をかける作戦に出ました。

「吉本の竹中ですけど、○○記者さんいらっしゃいますか？」

「また電話します。竹中から電話があったってお伝えください」

FAXも携帯電話もメールもない時代ですから、担当者をつかまえるのに、これを3、4回繰り返すわけです。もちろん、1人に対してです。

そしてやっと本人と話せたら、

「チラシ、届きましたか？　見ていただけましたか？　公演をぜひ見に来てくださいね、ホンマに。受付で待っていますから！」

とお願いし倒しました。

ついには、「何かネタないか？」と顔を出してくれた大阪府警担当の社会部の記者にも「これ、持って帰ってください」とチラシを渡したりもしていました。


午前中に新聞のスクラップをした後、新聞社に電話をかけまくっているともう夜です。

そんな日々を3カ月くらい続けていたら、「今度、吉本で何かやるなら、教えてな。俺、見に行ったるわ」と言ってくれる記者や、社会部記者から紹介されたという文化部記者が現れ始め、少しずつ私の「関西演芸記者クラブ」ができてきました。


時間と労力をかけてつくった記者のリストは、広報マンである私にとって、宝であり命です。

この〝竹中版　演芸記者クラブのリスト〟をどうやって育てていけば、お金をかけずに、マスコミに大きく取り上げてもらえるようになるのか。それを考えることが、次に私がやるべきことでした。

まずは話題を探し出して、リリースし続けること。

しかし、「これ紹介しといて」「これ送っといて」と、マネージャーやプロデューサーから言われたことだけをやっていたらただのポストマンになってしまいます。やはり、私自身が先輩などから預かったものを元にして、目新しい話題をつくらなければなりません。しかも、記者が面白がって飛びつくようなものを。

幸いネタはありました。入社した年の10月に第一期生の募集が始まった芸人養成所「よしもとＮＳＣ」の誕生です。そして、ニュースを発信するための最適な媒体も、私の手元にありました。

それが『マンスリーよしもと』だったのです。

拡大している
市場の中に、
水平思考《ラテラルシンキング》でもって
自社を位置づけよ。

『マンスリーよしもと』はアイドル雑誌だ！

『マンスリーよしもと』が創刊されたのは1981年4月1日、ちょうど私が入社した日です。劇場で配布されていた今週と来週の出番が印刷してあるだけのA4版のチラシが、表紙を含めて24頁のA5版の小冊子に変わりました。

吉本興業には、かつて昭和10年に創刊された『大衆娯楽雑誌　ヨシモト』があり、ピクニック寄席などのイベントの取材記事や、漫才の採録などを載せていましたが、2年で廃刊。そこから44年ぶりの復活です。

『マンスリーよしもと』は、なんば、うめだ、京都の3花月の劇場入り口に置かれ、パンフレットと同じ扱いで、定価は付いていましたが、チケットのもぎりの人が無料で配っていました。発行部数は、月間5万部ほど。MANZAIブームの影響からか、劇場に来られない方には1冊100円の料金をいただいて販売もしていました。

当初の編集責任者は冨井さんです。しかし、7月に異動してから数カ月後には、

「竹中くん、今日から『編集長』もやっといて」

と冨井さんからひと言。大学時代にタウン誌の編集部でアルバイトをしていたとはいえ、雑誌をまるごと一冊編集した経験はありません。

「そんなん無理です、無理です。ホンマに僕でええんですか？」

「ええから、ええから。誰も社内で編集長をやったことあるやつなんておれへんねんから、誰がやっても一緒や一緒！」

こうして私は、入社1年目にして『マンスリーよしもと』の編集長となりました。

そしてそのまた数ヶ月後にも「誰がやっても一緒」という同じセリフを聞き、NSCの立ち上げに関わっていくことになります。

当時の吉本は社員が少なく、まだ大学を出たばかりの22歳で、どこからどう見ても大学生みたいなた私もいきなり大きな仕事に就かせてもらえました。

吉本には「一度約束したら、スピードが命。即実行！」という考え方もあり、よほど重大なこと以外は「竹中が決めてやっとけ」とある程度の決定権も持たせてもらえたのです。今にしてみれば、広報マンとして1年目から貴重な経験を積めてラッキーでした。

『マンスリーよしもと』を今後どうしていくか。

養成所・NSCにも関わるようになっていた私の頭の中にあったのは、芸能専門の『明星』（集英社）や『平凡』（平凡出版）といった雑誌でした。

私はこういう雑誌に、新人タレントやNSCを卒業したての芸人たちを、毎月載せてもらえたらいいなと思っていました。

しかし、東京のアイドル誌は、大阪の芸人のことなど相手にしてくれません。

「載せてくれないなら、自分でつくればええ。書店で売れないなら、手撒きしよう」

そう考えた私は、密かに『マンスリーよしもと』を、『明星』や『平凡』と並ぶ女子高生をターゲットとした〝アイドル雑誌〟として編集することにしました。

もちろん、表向きは吉本興業のファン雑誌ですから、基本的にはベテラン芸人の動向も載せ、劇場の出番やイベントの告知、芸人もまんべんなく扱いました。

一方、編集長である私はNSCの担当でもあり、NSC関係の情報を厚く投下していくことができました。

4月にNSCの開校式があれば、開校式の写真を撮り、5月号には全員の顔写真を掲載し、NSCの授業にゲスト講師として有名プロデューサーが来てくれれば、翌月にその人の話が紹介されているといった具合に、NSCで何かやるたびに私がその記事を書きました。

途中からは、会社でニコンの一眼レフカメラを買ってもらって、写真も私が撮っていました。お陰で写真も少しは上手くなりました。

『マンスリーよしもと』がNSCをPRするための冊子としての一面も持つようになった頃、ちょうどNSC出身のダウンタウンやトミーズの人気が出はじめ、彼らの活動を知りたくて『マンスリーよしもと』を読んだ人たちが、さらにNSCにも関心を持ってくれるという、良い循環によって第2期以降はさほどお金をかけずに生徒を集めることができました。

また、『マンスリーよしもと』は、戦前の『ヨシモト』の流れを汲むものでもあります。吉本の芸人を紹介した「商品カタログ」にとどまらず、ニュース性、話題性がある情報や、その当時のお笑いを記録するという役割も持たせたいと考えました。

落語や漫才のネタを採録して読み物にしたり、ベテラン芸人さんの対談や芸人の奥さんだけを集めて鼎談《ていだん》を行ったりしました。年末にはスポーツ紙の文化部の記者たちに「今年のお笑い界を振り返る」というテーマで座談会をしてもらったこともありました。

林正之助会長の連載インタビューも掲載しています。

この連載は、会長のことを「怖い！」とだけ思っていた芸人たちにとって、会長が吉本興業のビッグボスであることや、吉本興業には戦前からの長い歴史があることを知るいい機会になったのではないでしょうか。

定期刊行物の郵送料を安くして購入者の負担を減らすために、第三種郵便の申請を行ったときには、最初は、「こんなん全然アカン。全部吉本興業の宣伝や！」と窓口の人に言われてしまいましたが、結局承認してもらえたのは、「社会、経済、文化、その他公共的な事項を報道し、又は論議することを目的とし、あまねく発売されるものであること」という第三種郵便の条件を、『マンスリーよしもと』がクリアしていると判断されたからだと思っています。

ブランド接点から、いかに
「売ってあげたい」と思う
究極のファンをつくるか。
それは最重要課題だ。

「定期購読者」を増やして大阪の笑いを東京に届ける

一般的に、何かの熱狂的なファンになった人は、ファンクラブや友の会に入ってくださり、濃い応援をしてくださいます。

編集長だった私は「よしもと友の会」をつくり、年間3500円の会費をいただいて、『マンスリーよしもと』の定期購読や、花月に割引で入場できたり、イベントや舞台のチケットの優先予約などを特典としていました。

急にテレビの収録があり、客席を満杯にしなければいけないとなったとき、友の会のお客さんに「選ばれたあなただけをご招待します」といって招待券を送ると、8割くらいの人が足を運んでくれました。

圧倒的に歩留まり（実際に配った枚数と来場された人数の比率）が良かったので、劇場の支配人も「急なときでも竹中に任せたら、お客さんを集めてくれるからラクや」と言っていたくらいでした。

こういうコアなお客さんをいかに吉本のフィールドの中から逃さないようにするかを考えることも、広報の大事な仕事でした。私は年会費以上に得をしてもらいたいと思い、あの手この手を用意しました。

たとえば、若手落語家とのファンミーティングもしましたし、手書きのミニコミ誌を封入したこともありました。

関西在住の方にはメリットも多かった友の会ですが、関西外の『マンスリーよしもと』の定期購読者を増やすことにも精を入れました。

チラシやパンフレットは、言ってみればただの「告知」しかできなかったので、イベントが終われば捨てられてしまいます。一方、雑誌は何回も読み直してもらえるし、毎月最新刊が出るので、ファンになってもらいやすいのです。

今でこそファンは目の前にいて応援してくれていますが、35年以上前には吉本芸人のファンになってくれる人たちはまだまだ少なかったので、なんとかして継続的に応援してくださるファンをつくることだけを考えました。

そういう意味でも『マンスリーよしもと』の定期購読者を増やし、お金をかけずに吉本芸人のことを広く拡散できることを目指しました。

そう考えていた私に、チャンスは思いのほか早くやって来ました。

宣伝広報室に移動して3ヶ月後、1981年10月16日、東京・九段下の武道館で、「漫才大全集」が開かれたのです。やすきよ、紳竜らお笑い芸人総出演の武道館単独公演ということで、かなり前から大きな注目を集めていました。

このイベントを利用しない手はありません。『マンスリーよしもと』の定期購読者募集中のチラシをつくって、東京在住の定期購読者ひとりひとりに電話をかけ、

「武道館にタダで入れたげるし、お礼に非売品のTシャツもあげるから、『マンスリーよしもと』定期購読者募集のチラシと雑誌を武道館で配るの、手伝どーて！」

とお願いしたのです。

結果的に10人ほどの読者が集まり、武道館の入口で、ライブに来たお客さんに『マンスリーよしもと』を配るのを手伝ってもらいました。

その結果、私の狙いどおりというか、びっくりするくらいに定期購読者が増えました。

『マンスリーよしもと』で一般のお客さんを大量に巻き込めるとわかった私は、それまで送っていた大阪の新聞記者だけでなく、東京の記者や演芸関係者、各テレビ局のキーパーソンにも『マンスリーよしもと』を毎月送り、いわば勝手に定期購読者にすることを思いつきました。

東京で発行されている雑誌などには載っていない、関西からのお笑いニュースを毎月、プレスリリースのつもりで発信することにしたのです。

会社の先輩や同僚に『マンスリーよしもと』を関係者に撒いてもらい、「興味のある人には毎月送りますから名刺をもらってきてください」とお願いし、どんどん送付先を増やしました。

芸人は東京の最前線で活躍していた頃ですが、まだまだ吉本興業という企業の実態は知らされず、新人の話題などはなかなか東上できなかった時代です。

そんな中、『マンスリーよしもと』を通して、会社や芸人のことを知ってもらい、徐々にですが東京の演芸関係者にも吉本ファンが増えていき、ネットワークをつくっていくのに非常に役に立ちました。演芸関係者やそれ以外でも、糸井重里さん、小沢昭一さん、永六輔さんも早々に読者になってくださいました。

私は尖がっている人や旬な人を見つけては、東京に行くたびに訪ねて回ったものです。「私、この雑誌の編集長やっています。こういう企画はいかがですか？　今度、ぜひ原稿書いてくださいね」とお願いをして回りました。

彼らは新しい情報に敏感なので、なかなか入ってこない大阪の情報が『マンスリーよしもと』で取れるとなると、その雑誌に興味を持ってくれますし、雑誌のファンになってくれれば、もっと吉本のことを好きになってくれます。

こうして『マンスリーよしもと』は、着々と東京で読者を増やし、大阪と東京をつなぐ重要なツールとなっていきました。

実は『マンスリーよしもと』は吉本にとって都合が良かっただけではありません。東京の演芸関係者にとっても、貴重な情報源だったのです。MANZAIブームの後、東京のテレビでは、島田紳助、明石家さんまといった芸人たちがスターになって活躍していましたが、そろそろ新しいスターが欲しいという機運もありました。

しかし、「大阪では新しいお笑い芸人が盛り上がっているらしい」と聞いても、それがどんなものなのか、知るすべがなかったのです。私は彼らが求めている情報を全部『マンスリーよしもと』に集約しました。

「松本・浜田、第3回今宮子供えびすマンザイ新人コンクール　福笑い大賞受賞」
「トミーズ、第4回ABC漫才・落語新人コンクール 漫才の部 最優秀新人賞受賞！」

「ごんたくれライブ開催！」
「ＮＳＣ１期生、言いたい放題」

こうした見出しとともに、彼らの写真が毎号『マンスリーよしもと』を飾りました。「ダウンタウンニュース」というコーナーもあり、それを読んだ東京の演芸関係者は、「この芸人はいつも載っているし、何か大阪の賞を獲ったらしい。一度出してみようか」と、まだ大阪ローカルのテレビにしか出たことのないダウンタウンやトミーズ、ハイヒールら若手芸人を東京のテレビ局に呼んでくれるようになったのです。

当時の吉本は関西にしか劇場がなく、東京の事務所が赤坂にあった時代に、自社製品を東京に送り込む手段の一つとして一早く使われたのが『マンスリーよしもと』だったのです。

外部に売ることは大事だが、
内部に売る効果は、絶大だ。

芸人にも吉本のファンになってもらう

『マンスリーよしもと』が東京で影響力を持ち始めると、その存在が社内でも認知されるようになりました。

自分が担当しているタレントが東京の仕事に呼ばれるようになったというマネージャーが私のところに来て、「『マンスリーよしもと』の次の号にこれ書いてな」と、積極的に情報を持ってきてくれるようになりました。

その結果、あちこちで良い循環が生まれるようになっていました。この循環を生むことが、広報の仕事の意義であり、醍醐味です。

若手芸人にとっても、『マンスリーよしもと』は目の離せない存在でした。

たとえば、ハイヒールのモモコやダウンタウンの松本は、「生まれて初めて、自分の名前が雑誌に印刷された」と言っていました。『マンスリーよしもと』に載ることは、当時の彼らにとっては非常に誇らしいことだったのでしょう。

「今月はどこに載ってるんやろ？」「俺は小ちゃい、お前は大きい」と言いながら、若い芸人たちが一生懸命『マンスリーよしもと』を読んでいたことを思い出します。「今月取り上げられなかったから悔しい」などと、いい刺激にもなっていたと思います。

やがて、「『マンスリーよしもと』に載るのが夢だった」という芸人も現れるようになりました。だから、もしかしたら一番熱心な読者は、芸人たちだったかもしれません。

せっかくＮＳＣで才能のある芸人を見出したとしても、「吉本興業よりも別のプロダクションのほうが芸人を大事にしてくれるらしい」と聞けば、卒業後はみんなそちらに行ってしまい、大切な商品が手元に残らなくなってしまいます。

しかし、芸人自身が吉本ファンになってくれれば、卒業後も大切な商品として残ってくれるようになるのです。『マンスリーよしもと』は、それにも一役買っていました。

広報活動というと、お客さんやメディアに向けて情報発信をする「社外広報」を真っ先に考えますが、社内にむけて情報共有するための「社内広報」も非常に大切です。たくさんの人に好きになってもらうには、まず自分のことを好きにならなければいけません。企業も同じで、働いている人間が自分の会社を好きにならないと、ファンもつくれないし、商品も売れていきません。社員が自社を好きになるためのツールとして、「社内広報」が存在していると、私は今も信じています。

『マンスリーよしもと』で芸人の新たな才能を発掘できた

『マンスリーよしもと』には、ほかにもこんな記事が載っていました。

たとえば、1986年4月号では、5月の開場を控えた「YOSHIMOTO　KO

GYOがお贈りする心斎橋筋2丁目劇場とは何でしょう」という大特集が組まれ、「何故2丁目劇場なのか?」「何が起きるのか?」などの劇場の解説から、「早速、人集めのオーディション」と題して、出演者やスタッフの募集も発表しています。

島田紳助の連載は、人に頼まず、口述もさせず、すべて彼の手書きによるものでした。西川のりおも喜んで連載を受けてくれました。

こうした連載はのちに単行本につながり、タレント本としていずれもヒットしました。

『マンスリーよしもと』をきっかけに彼らの新しい才能を発掘できたと思っています。

ほかにも、やすし・きよし、桂三枝（現六代文枝）、いくよ・くるよらのネタの採録など貴重な記録もたくさんありました。

振り返ってみれば、雑誌好き、本好きだった私が、仕事で関われたのは、本当にありがたいことだったと思います。

中邨さんは常々、こう言っていました。

「お客さんを楽しませるには、まず自分が楽しまなければあかん。商品開発の原点もここにあるんや」

私はそれを地で行っていたようなものです。

入社して2、3年の間は、朝早くに出社して新聞を切り抜き、『マンスリーよしもと』の編集、あとはNSCの現場に毎日いるというのが私のメインの仕事でした。

私が編集に携わったのは、1994年にイベントプロデュース部に配属されるまでの約13年間です。2丁目劇場を支えたのも、「吉本新喜劇やめよッカナ!? キャンペーン」を支えたのも『マンスリーよしもと』でした。

途中から、編集会議で方針を決めたら、あとはどんどん後輩に任せるようになりましたが、ベテランの芸人たちからも、ずっと「編集長」と呼んでいただけたことは、私にとってとても光栄なことでした。

私が編集長から卒業するあたりには、『マンスリーよしもと』にもアイドル風に撮影された芸人の写真が載るようになり、本当に『明星』『平凡』のようになっていました。

その後、「男前ランキング」や「ブサイクランキング」など、私が考えも及ばなかったユニークな企画も山ほど生まれています。

このように『マンスリーよしもと』を駆使することで、「お金をかけずに、マスコミに大きく取り上げてもらう」ことができ、吉本は大阪から東京へ、そして日本全国へ、本格的な進出を果たしました。

一方、不本意ながら、「金をかけずにマスコミが大きく取り上げてしまう」事態が、吉本では続いていました。

それは芸人の不祥事です。

編集長を退いたあと、私は「広報マン」として企業を守るためのマスコミの対応法を模索していました。

第4章

リスクマネジメントも広報活動のひとつ

防御を知らないことは、
命取りにつながる。
特に不寛容な
時代においては。

謝り続けて三十有余年

「ビジネスにトラブルは付き物。吉本興業は多くタレントを抱えているから、なかにはトラブルを起こす者も、巻き込まれる者も出てくる。重要なのは、トラブルの後にどう解決策を出し、謝罪するかだ」

広報は、自社の商品を広めることだけが仕事だと思っている人もいるかもしれませんが、「ピンチから会社を救う」という重要な責務があることを忘れてはいけません。

中邨さんの言葉どおり、吉本興業の商品は生きた人間ですから、交通違反、男女間のトラブル、借金、お酒での失敗、反社会的勢力との交際、離婚、病気、入院、ケガなどといった様々な問題が勃発します。

そのたびに、吉本興業として謝罪をし、会社と商品（芸人）を守るのは、広報マンである私の仕事でした。

謝り続けて三十有余年、全国ネットで放送された「謝罪会見」は20件を下らないでしょう。どれも忘れられないものばかりです。


2011年頃から個人的に始めたフェイスブックに友だち申請がたくさん来るようになったのも、謝罪会見のお陰です。

「お元気そうな姿をテレビで見ましたよ」と、数十年ぶりの友人とつながれたりもしましたが、「元気な姿」と言われても……、「トホホ」な気分になったものです。

ともあれ、謝罪の経験を積み重ねた結果、今では「謝罪マスター」と呼ばれるようになり、『よい謝罪』という本を書かせてもらったり、謝罪に関するセミナーで全国を飛び回ったりしています。

社内に広報部門を置く意義は「リスクマネジメント」にある

会社によっては「広報部門」を総務部などの管理部門と兼務させていたり、なかにはアウトソーシングしていたりすることがあるようです。

しかし、私は、広報部門は兼務ではなく独立させて設けたほうがいいと考えています。

この部門は、組織図で言えば「役員会」と直結してもいいと考えます。「ＩＲ」や「秘書室」の並びに置いてもいいぐらいで、広報部門は。自社の「商品やサービス」を取り扱うように「会社」も取り扱わねばならないと考えます。

さらに、できれば各部署を経験し、10年くらいは会社を辞めないという覚悟を持っているプロパー社員を配属させることをおすすめしています。

その最たる理由は「リスクマネジメント」です。

いざ何か問題が起こったとき、会社の窓口となり、渉外をやることができる広報がいないと、取材に来たマスメディアの人たちとのやり取りにおいて「それは他の部署の人に聞いてください」などと問題をたらい回しにしたりして、対応や解決に時間がかかり、余計に傷口を広げることになりかねません。

ある上場企業の会長さんと話をしていたときのことです。その会社では、過去に危機管理に失敗したという苦い経験から広報の重要性を認識し、広報マンを他社から持ってきて、入れ替えてはみたものの、どうも上手くいっていないとのことでした。

「前職でトップ広報パーソンだった」という触れ込みで、その人の持っている濃いネットワーク力を期待して採用したとのことでしたが、ひとたび問題が起こったとき、マスメディアからのネガティブな質問に対してこう言ったそうです。

「そういうことは、総務部か法務部にお聞きください。ここでは対応しておりません」

私にすれば、普段付き合っているマスメディアとの交渉の仕方を一番知っている人こそが「広報マン」だと考えていますから、会社の一大事に逃げてしまうようでは話になりません。

そういう視点から、「会社の中を一番よく見て経験した社員が、外も見えるんですよ。営業も企画や開発も販売、経理も総務も、地方の事務所にも行ったことある人を広報マンにしたらどうですか？」と私が言うと、会長さんは深くうなずいていました。

広報パーソンが自社の事件を他社の人から指摘されて知ったり、新聞や雑誌に掲載されてから知ったりというのは、かなり恥ずかしい事態です。

テレビニュースを見ていると、事件や事故が起こってすぐに本社前に報道陣がやってきて、関係者や社員に話を聞こうとします。何も知らないし、何も聞かされていない社員はカメラから逃げ惑い、その姿がニュースで流れると、見た人には「戸惑う社員」「無言で走り去る社員」などと映ります。

こういうときこそ、役員会は広報に「公式発表」を伝え、社内外にリリースする必要があるのです。

事件・事故の大きさとマスメディアの動くスピードは比例します。ということは、問題が大きい場合ほど、トップを始めとする役員たちが「公式発表」できる内容を素早く取り揃えねばならないのです。

このリリースまでの時間がかかればかかるほど、社員や職員の戸惑う姿がクローズアップされてしまい、世間の不安や不満は増幅していきます。

広報が機能していないせいで、別の残念な事態につながることもあります。社員が状況をよく知らないまま予測や思いつきで発言し、問題解決に水を差すケースです。

また、社内からのリークも懸念材料として考えておくべきでしょう。

「戒厳令を出したほうがいい」とまでは言いませんが、正しい情報が速やかに流れてこないと、その組織の統制がとれていないことが白日の下にさらされてしまいます。

一刻も早く「正しい情報」を発信せねばならないのです。そしてそれを背負うのが「広報」の役割だと言えます。

問題は必ず起こる。
スピードを第一に、
「危機対応」できるか。
すなわち段取りだ。

謝罪はスピードが命

私は時々開かせていただいている危機管理の講習などで、こんな質問をします。

「皆さんの会社で問題発覚後、直接謝罪に行くまでにどんだけ時間をかけますか？」

すると「3日後」から「1週間以内」に挙手する人が一番多いです。

しかし、謝罪に1週間も時間をかけていたら、その会社は潰れてしまうでしょう。

「相手の『怒り』が頂点に達していたら、その人がクールダウンするまで待とう」なんて呑気なことを言う人もいますが、私はいつも「謝罪は即刻」と話しています。

芸能人の場合、テレビにはいいネタも悪いネタも毎日溢れてきますので、謝罪が遅れると同情の声があっという間に消え、何が話題の原因だったかも忘れられて、しまいには「あなた、まだいたの？」と言われてしまいます。

こうなってから謝罪しても、第一線に復帰するのは難しく、大変に時間がかかります。そういう意味でも謝罪はスピードが肝です。

こんな話を飲食チェーンの代表をつとめる大学の先輩に話しますと、

「うちは事件発覚から謝罪まで1分や！」

と仰っていました。

私は「慣れすぎですやん！」と返しましたが、そのチェーン店では危機管理が十分になされているということを端的に示しています。

たとえば、食べ物に髪の毛が入っていたときにどう対応するかということなどが、事細かにマニュアル化されていて、その通りにお詫びすれば1分で終わるということでしょう。普段からの危機意識の持ち方次第だなと思い、「なるほど」と納得しました。

このように、スピーディな謝罪には「段取り八分」、つまりマニュアル化しておくことが必要です。平和なときにこそ有事の対応の準備をしておくことが必要です。そのために私は、「危機管理のチェックシートの作成」が重要だと言っています。

数々の予測される危機を列挙し、そういう事態が起こらないように規則の設定や日々の研修、そして起こってしまったときの行動の手順などを用意しておくものです。コンビニやファミレスのお手洗いの壁に張ってあるチェックシートをイメージするとわかりやすいのではないでしょうか。その膨大なものを、企業や団体ごとに作成してください。

また、チェックシートに書かれている問題が起こる可能性はゼロではないことを心しておくことこそが、会社や企業を危機から救うと言えます。

謝罪の6つのステップ

謝罪の目的は、迷惑をかけた相手へのお詫びとともに業務の復旧や経営の再建を目指すことです。謝罪の言葉だけでなく、再発防止策も同時に発表せねばなりません。

これらはマスメディア向けのように映りますが、実際はメディアの向こうにいるお客様に向けての発信でもあるのです。

それでは、具体的にどのような謝罪マニュアルをつくればよいのでしょうか。

私は「謝罪の6つのステップ」を提唱しています。

大前提として、まずはゴールを決めることです。被害者がいる場合は、被害者の方に理解をいただき、怒りをおさめてもらうことがゴールになります。

その際、「心の問題」と「物理的な損害」の両方を解決するようにしてください。

刑事事件に発展しているような場合も、「現在捜査中ですので何も言えません。ノーコメントです」ではなく、伝えてもいい範囲で「会社としてどうするか」という姿勢やゴールを示すことが大切です。自分で物事を決められない会社に、再び世間が信頼を寄せてくれるとは思えないからです。

ゴールを決めたら、謝罪までの道筋を6つのステップで考えます。

STEP1　命や身体に関わることがないかを確認
STEP2　経緯、事態を時系列で整理し、把握
STEP3　「謝罪シナリオ」を書く
STEP4　原因の究明と再発防止策をまとめる
STEP5　直接の被害者に直接謝罪に行く
STEP6　必要であれば対外的に発表する

STEP1と2は「情報収集」です。

ＳＴＥＰ１では、相手の身体的なダメージがあるかないかに意識を向けてください。たとえば、交通事故を起こした場合、頭が真っ白になって、自分の車に傷がついていないかとか、次の仕事のアポをどうしようなど、相手のことを考えられずに自分のことだけが気になってしまいがちです。

さらに、慌ててその場を離れるなど、通常は考えられないことも起こるものです。まずは冷静になりましょう。

これが企業の検査結果の偽装が発覚したとすると、その製品が使用されたあらゆるケースでトラブルが起こっていないか、もし起こっていた際は、その偽装に起因しないかなど徹底した調査を行い、命や身体への影響が出ていたら即対処せねばなりません。

ＳＴＥＰ２の経緯、事態の把握に関しては、

「Ｗｈｏ（誰が）」

「Ｗｈｏｍ（誰に）」

「Ｗｈａｔ（何を）」

「Why（なぜ）」
「When（いつ）」
「Where（どこで）」
「How（どのように）」

の6W1Hを使うと、もれなく聞き取ることができます。この中の一つでも書き込めていなければ、それは情報の収集ができていないことになります。

人や企業名、場所などの「名前」や、人数、日時、量といった「数」を間違えると命取りになりますので、正確を期してください。一度発表した後の変更が出ると、名前や数のことだけの訂正では話は済まされず、謝罪自体を見直されることに発展し、やり直しの効かないことになりえます。

STEP3は謝罪のシミュレーションで、「謝罪の設計図」と言えます。

映画やテレビドラマのシナリオと同じように、謝罪に行く人物を決め、いつ、どこに行き、誰に会って、どのように謝罪をするか、順を追って書き出していきます。台詞や衣装、動作なども書き起こしておきます。場面も設定して書いてください。

このとき、希望的観測ではなく、最悪の状態をイメージしながら書くと、不測の事態に備えることができます。

そして、このシナリオの中でとても重要なものは、ＳＴＥＰ４の「原因の究明」と「再発防止策」までをワンセットとして揃え、シナリオに落とし込むことです。「原因の究明」と「再発防止策」を添えなければシナリオとは呼べません。

「謝ったらもういいですよね」とか「不正を働いた者をクビにしたからもう大丈夫です」と言われても、二度と同じことが起こらないという保証はないですからね。

ＳＴＥＰ５で初めて実際に謝罪します。意外とＳＴＥＰ４を準備しないままお詫びに行き、「やり直し」と言われてしまうケースも多いようです。

先程の飲食チェーン代表は、このＳＴＥＰ１からＳＴＥＰ４を１分で済ませ、即刻ＳＴＥＰ５の謝罪を行うというのですから大したものです。

ＳＴＥＰ６は、問題に公共性があり、社会的に話題となっている場合は、プレスリリースや謝罪記者会見などの対外的な発信が必要となります。

詳しくは拙著『よい謝罪』を読んでいただくとして、いずれにしても「広報が謝罪を取り仕切る」という意識で普段から取り組んでいただきたいと思います。

事件や事故こそ、推測や予測ではなく、6W1Hに沿って物語を把握することだ。

芸人を事件から復帰させた「マル秘」謝罪マニュアル

ここからは、実際に私が対応した謝罪のステップを見ていきましょう。

時は2009年12月、クリスマスも終わった26日の早朝でした。

何度も携帯電話が鳴り、バイブが震え続けていました。「大事件か⁉」と私は布団から飛び出して電話の画面を見ると、ほとんどは知り合いの新聞記者からでした。

留守電には「朝早くにすいません。これを聞かれたら電話ください！」というメッセージが続いています。

よく知った記者から順番に電話をしていくと、「漫才コンビのKが暴行で現行犯逮捕されたようです」とのことでした。

普段、記者の顔が見えないようなお付き合いをしていたら、私が「何も知らない」と言っても、容赦なく「会社はどういう処分をされるのか?」「コンビの相方は何て言っていますか?」「現在のレギュラー番組はどうされますか?」等々と聞いてきたことでしょう。

しかし、日頃からよく知っている記者さんたちばかりでしたから、その場で私にコメントを求めても「竹中さんが答えるわけがない」とわかってくれていました。

それどころか、逆に事件の概要を教えてくれ、おかげで私は何本かの電話のやりとりで何が起こっていたのかを知ることができました。

事件のあらましはこうです。

クリスマスの夜、大阪市内の飲食店で料金支払いを巡ってトラブルになり、店長に暴行をはたらいたKが傷害容疑で南警察署に逮捕されました。

被害者もまだ救急病院で検査や治療中のことでしたので、詳細はなかなかつかめませんでしたが、この時点では「全治2ヶ月の重症」という噂が流れていました。

暴行罪での勾留の期間は10日間、さらに10日間延長される可能性もあります。暴行の事件が起訴されれば、なお10日間ほど勾留が延長されることになります。

一度勾留が決定されれば、弁護士などが介入して、示談が成立するなどの特別事情がない限り、最低でも10日間は警察署の留置場で生活しなければなりません。Kにケガはなく、すでに勾留されているので逃亡の恐れもありませんでした。

芸人がトラブルを起こしたと知った瞬間から、いかに早くその芸人をトラブル前と同じ状態に戻すかを考えることが、吉本興業の広報マンの指名です。

とはいえ、私が警察署に行ったところで、本人に会えるわけもないし、警察も詳しいことを教えてくれるわけがありません。

私はその事件の夜一緒にいた知人を本社に来てもらい、事件の概要を聞き取っていましたが、被害者の様態が心配でなりませんでした。

そんな私に情報をもたらしてくれたのは、やはり知り合いの新聞記者さんたちでした。

彼らは、警察で取材したニュースだけでなく、地元の飲食店関係の筋からもネタを持っていましたので、これほど助かったことはありません。

おかげで、「STEP1　命や身体に関わることがないかを確認」が終了し、「被害者は怪我はしておられるものの亡くなっていない」「容疑者は怪我もなく、警察署に拘束されている」という事実を把握できました。

次は「STEP2　経緯、事態を時系列で整理し、把握」です。

謝罪会見では、「いつ、どこで、何が起きたのか」という事実を発表するため、時系列に把握していくことが必要です。加えて「なぜこういう事態になったのか」という経緯も100パーセント押さえておかなければいけません。

ここは先ほど述べたとおり「When（いつ）」「Where（どこで）」「Who（誰が）」「Whom（誰に）」「Why（なぜ）」「What（何を）」「How（どうやって）」の「6W1H」の7つの疑問詞にすべて答えていく作業です。ここで気を付けてほしいことは、推測や予測、予感などを含めてはいけないことです。

では、「6W1H」を順番に埋めてみましょう。

「12月25日未明」に、「大阪のミナミの飲食店」で、お笑い芸人の「K」が、「飲食店の店長」に対して、「請求された金額に腹を立て」て、「知人に止められるのを振り切って右手」で身体の一部を「殴った」。

これが最低限の事実です。

理由について、「酔っぱらっていたから思い出せない」などと言っても通りません。相手にケガを負わせた事実があるわけですから、確実に理由も埋めるようにします。

そのほか、一緒に飲みに行ったのは友人か芸人か？　どこでどうやって逮捕されたのか？　被害者の様子やプロフィールは？　現場となった店の様子、評判は？　警察がマスメディアに伝えている内容は？　新聞や雑誌記者が独自で手に入れたニュースは？　類似の事件の場合に加害者が受ける処罰の内容は？　といった情報も集めました。

これらが整理されていくと、物語が目に浮かび、手に取るように事件を把握できます。

2017年相撲界の暴力事件も同じこと。真実は一つだけなのです。

最悪の事態を
避けられるかは、
最悪の事態を
想定したかどうか。

収録済みのテレビ番組はどうなる!?

現状把握が進められると同時に、劇場や番組、イベント出演に穴が空くことになりますので、その応急処置もします。

実は事件の日の夜には、大人気の全国ネットのテレビ番組のオンエアーが控えていました。収録は終わっていましたが、もう再編集をする時間はありません。テレビ局サイドとマネージャーがやり取りをし、オンエアーは中止して別の物と差し替えるかどうかが話し合われました。

その時点では罪状も固まっていないし、まだ容疑者として留置されているときでしたから、結局は放送局の判断でテロップを入れてそのまま放送されました。

その後は外部の弁護士も入れて「特別チーム」が結成されて対処に動きます。事件は12月26日に起こりましたが、何故か警察署の都合で、年末年始は面会もできず、どんどんKの留置期間は延びていきました。

ただ、弁護士は何度でも接見ができるので、Kに報道されている内容を伝えてもらったり、私たちにはKの様子を伝えてもらったりし、待つ身としては少し安心することもできました。

そして「STEP3『謝罪シナリオ』を書く」に入り、具体的に謝るときの様子をシナリオにしていきます。

ここでは物語の進む方向のすべてを予測して書き出さねばなりません。ポイントは、こちらの都合で考え進めるのではなく、被害者の気持ちを察して書くことです。

どちらかと言うと常に「最悪」を念頭に置き、予測図・想定図を思いつく限り書き、並べていきましょう。

暴行事件のシナリオでしたら、このようなことも追加しておかねばなりません。

・いつ、どこで、誰に、謝罪するのか
・謝罪に行くときのメンバーはどうするか
・被害者のけがの具合と、完治までの期間
・けが以外の被害には何があり、どれだけ重大なのか
・加害者はいつまで勾留されそうか
・この暴行事件は暴行罪に問われるのか、より罪の重い傷害罪なのか
・初犯なので反省すれば、どれぐらいの罪で収まるのか
・被害者との示談を成立させることは可能か
・示談の相談はどのタイミングで始められるか
・示談を成立させれば、不起訴にすることは可能か
・マスコミなどを通じて公表および謝罪する必要はあるか

「謝罪シナリオ」の作成はスピード感をもって進めていかねばなりません。対応が後手に回ると「隠蔽を図っていた」などと言われたりもします。冷静に、どの順番で誰に、どう謝るかを考えます。

謝罪シナリオの完成後、被害者へ直接謝罪に行く前に、もう一つやっておかねばならないことがあります。それが「STEP4　原因の究明と再発防止策をまとめる」で、今回の事件の原因を徹底的に究明し、再発防止を徹底することであります。

そもそも事件が起こった原因は何だったのか、そこから考えてください。

今回の暴行事件の原因は比較的シンプルでした。「飲酒」が理由で失敗を犯したわけですから、今後は飲酒を控えさせ、「家飲み」をすすめることにしました。

悪意はなかったものの事件を起こしてしまった場合の多くは、「不注意」が原因です。アルコールにより感情のコントロールができなくなったときに事件は起こります。Kにはそこを心から反省させ、今後アルコールとどう付き合うかを決めてもらいました。

謝罪では被害者の言葉を直接聞く

そして、ようやく「STEP5　直接の被害者に直接謝罪に行く」、現実の謝罪に向います。加害者が被害者に直接対面するこの機会に、必ず行わなければならないものは次の3つです。

①被害者へ謝罪の弁を述べること

言わずもがなでありますが、まずは加害者からの謝罪の弁が重要です。自分のやった罪を全面的に認め、心からの謝罪を言葉にして、被害者に伝えるものです。

②被害者の言葉を聞くこと

加害者が一方的に謝罪するだけではありません。直接の謝罪の場面で何よりも重要なのは、被害者の言葉に真摯に耳を傾けることであります。

なかには加害者を罵倒しつづける被害者もいるでしょうが、加害者は決して言い訳や反論、開き直りなどをしてはいけないのです。被害者の怒りや悲しみといった感情を、面と向かって丸ごと受け止めることもしなくてはなりません。

被害者にとって、怒りや悲しみを言葉として発することは大変重要です。言葉にすることで、気持ちが落ち着いたり、解決したいと感じていることに被害者自身が改めて気づいたりするときがあるからです。

③再発防止策を被害者へ伝えること

先にも書きましたが、原因が明確ならそれとどう向き合うかの宣言です。今後の自分はどう生きるのかを示さねばなりません。

件の暴行事件の場合、加害者の芸人は被害者に謝罪を受け入れてもらうことができました。そこで賠償金の交渉に入ります。怪我の治療費や休業補償、精神的苦痛などに対してのものなどを考慮して提案します。

これが上手く進むと、示談書の作成があり、被害者から警察への被害届を引き下げてもらうお願いをすることになります。芸人は初犯だったこともあり、起訴猶予処分となりました。すべては辛抱強く交渉を重ねて、結果を出したものだと言えます。


最後は、「STEP6　必要であれば対外的に発表する」です。

翌2010年1月12日、Kが所属していたよしもとクリエイティブ・エージェンシーは、公式サイトなどでこれまでの経緯を説明し、被害者との示談が成立したこと、起訴猶予処分となり、釈放されたことなどを説明し、不起訴となったことに「寛大な措置」と感謝を伝えたうえで、「軽率な行動により暴行に及び被害者に怪我をさせ、さらに多数の関係者に多大なるご迷惑をお掛けすることとなった」ことから、Kに対して「厳重注意の上、当面の間、謹慎」とし、関係者やファンへの謝罪文を掲載しました。

ここまで20日ほどかかり、ようやく謝罪が完了しました。

謝罪はコミュニケーションのひとつである

謝罪とは決して一方的なものではなく、「コミュニケーション」であることがおわかりいただけたのではないでしょうか。「言葉のキャッチボール」は「心のキャッチボール」となり、直接謝罪をするということは、事件に関する理解を被害者と加害者で共有できるチャンスが訪れたということなのです。

その後、Kは社会復帰ができたとは言うものの、コンビでの漫才、ラジオ、テレビ番組に出られるようになっていくのには数年の時間を要しました。コンビの気持ちや会社の考え、世間体などを熟考しながら、一つずつ仕事の場を増やしていく必要があったのです。

現在は漫才以外でも辛口のコメンテーターなどとして大活躍し、事件でマイナスに大きく触れた針も、いまでは大きくプラスに振り戻しているようです。

「仕事の失敗は仕事で返す」という、いい例になったかと思います。

第5章
私が伝説の広報マンと呼ばれた理由

企業存続のために、
長期的な利益を得る営業マン。
それが、広報マンの姿だ。

広報マンがモノを売る

「広報マンとは営業マンのことや」

こう言うとたいていの人は驚きますが、30年以上吉本興業で広報マンとして働いてきた私が見出した結論です。

広報は「プレス」などと呼ばれることもあり、自社の製品の説明をしたり、記者会見に立ち会ったりと、マスメディア対応の担当者として、一般的に営業とは違うスマートなイメージがあります。

「自分は営業が苦手だから広報を希望した」人もいるでしょう。

しかし私は、広報はもっと泥臭い仕事だと考えています。

たとえば、メディアが取材に来て「これ、記事にしますね」と言ったら、「これも、これも、これも載せてくださ い!」と、お金をかけずにスペースをとりに行くのが広報マンです。やっていることはまさに「営業活動」です。

また、もし不良品を売ってしまったら、真っ先に謝罪し、「不良品が二度と出ぇへんように、工場長に伝えておきました」とお客さんに伝えるのは営業マンですが、よく考えてみれば、広報マンも謝罪会見で同じことをしています。

やはり広報は、営業的な位置づけにあり、商品を売るのが仕事なのです。

私がこのことに気がついたのは、広報に力を入れて、ニュースを拡散させ、結果的に前売りが伸びたり、当日客がグッと増えたことがきっかけでした。

ここで改めて「営業」を定義してみましょう。

まずは、企業や団体における「営利」を目的として行う行為といえるでしょう。サービスや商品などの商材をお客さんに説明し、理解していただき、購入を促すものです。

そして速やかに、安心・安全とともに届けます。こうした行為や商材そのものに対して、費用をいただきます。扱うのは形のないモノや、あるモノもあります。また営業先は個人の場合も企業や団体の場合もあります。

営業マンは扱う商品の知識も豊富でなくてはなりません。いい所だけでなく、弱点も含めて、です。競合他社のサービスについても精通している必要があります。モノによってユーザーは海外のサービスや商品とも同等に比較されますので、そちらの研究や調査も怠ってはなりません。

また社内で進められている商品開発や企画のことも知らなくてはいけません。そういう知識が機能や性能、先様の欲求を満たすことに繋がったときに商談が成立するのです。

営業マンの基本の活動は、「電話をしてアポを取り、パンフレットやサンプルを抱えて、相手先を直接訪ねて商品説明を行い、購入をすすめる」というものです。泥臭いと言えばそれまでですが、これは今も昔も変わりません。

そして、この活動を助けるものが、広告や広報による「情報戦」です。
有料で新聞や雑誌、テレビ・ラジオなどのメディアに出広してスペースや時間を買い取るものを「広告」と言い、無料でそういったメディアに露出し、イメージアップや商品説明を行うのが「広報」です。
広報担当はときには、社長や開発担当者のインタビューなどをテレビや新聞・雑誌に掲載してもらうことも推し進めます。ドラマや映画に自社製品が映り込むように、隠密に動くなんてこともあります。現在はインターネットも強大な力を持つので、メディアとしてどう活用するかも腕の見せ所です。

まとめると、企業や団体が「営利」を目的として、営業活動を行い、その活動を成功させ、企業が存続して行くことをベースと考えれば、有料の広告も、無料の広報も、どちらも重要な営業活動の一部であるということです。

広告と広報の違いについて、もう少し考えてみましょう。

広告には出広費や制作費などの費用もかかりますので、広告を打った結果、売上がこう変わったというＫＰＩ（重要業績評価指標）などで図ることが可能です。

同様に、広報対応した場合も、売上がアップしたり、メディア露出が増え、企業イメージが上がったりするのでこちらも計ることができます。つまり、売上がどう変わったのかということは「見える化」できるのです。

企業や団体によっては、広告（宣伝）と広報の部署には入金されることがないので「コストセンター」と呼ばれることもありますが、紛れもなく行っている業務は「営業活動」です。

担当する当人はもちろんのこと、企業の体質として、そして社員の理解として、広報は営業行為の重要な一部であるという認識が必要でしょう。

顧客がお金を運んでくる。
ならば、顧客から得られた
「情報」もまたお金である。
広報マンはそれを知っている。

広報マンがモノをつくる

昨今、「告知の仕方」や「売り方」といったテクニックに注目が集まっていて、テクニックさえあればどんなコンテンツでも売れるのではないかと思う人もいるようですが、それは勘違いです。

極論かもしれませんが、「売れるものはいいもの」だし「売れないものはダメなもの」だと、私は考えています。

もちろん、テクニックで上手くいったケースも世の中にはあるでしょう。

たとえば、それほど美味しくない食べ物でも、「10万人が驚いた！」「セレブ御用達！」などと煽るコピーをつけたら売れてしまったとか。

あるいは、デビューしたてのアイドルに、いい楽曲を与えて、可愛らしいメイクや髪型、服装にして、ゴールデンタイムの番組に出したら歌唱力がなくても売れていくということがあるかもしれません。

しかしそうやって商品が売れたとしても、真実は強く、いずれ嘘は見破られるものです。いつのまにか企業の理念ともずれていくでしょう。

私がやってきた広報は、お金をかけずに人に知ってもらって、気に入ってもらったり、購入してもらったりするという仕事でした。だから、商品やコンテンツそのものがいいか悪いか、魅力があるかないかということが非常に大事でした。

吉本興業が扱っている「芸人」という商品は、一般的な商品と違って人間なので、お客さんのニーズを理解できます。しかも、彼らは舞台に立ちながらお客さんというマーケットに直接触れることができるので、売れるのも、売れないのも、厳しい言い方をすればみんな自分の責任です。

面白くない芸人が、いくらいい服を着て、髪型を変えて出てきても、面白くないままです。笑芸の世界では、芸人自身が面白くなるよう、変わっていってくれない限りは、正直、売れるのは難しいでしょう。

吉本興業では「商品の値段を決めるのはお客様だ」という考えが受け継がれていましたし、中邨さんもこのように語っています。

「商品が売れない原因はいろいろある。本当にお客の求める商品なのか、価格がお客の満足する値段なのか、もう一度検討してみるべきや」

売れるかどうかは非常にシンプルな話で、ただお客さんが「おもろい」と言ってくれるかどうかだけです。

明石家さんまさんが、ずっと第一線で活躍しているのは、さんまさんがマーケットに合わせて変化し続けているからでしょう。転がる石に苔は生えないのです。

現在は引退していますが、島田紳助さんも、どうしたら自分を新しくしていけるのかをずっと考えている人でした。「努力して当たり前、それ以上のことをしなければ勝てない」というのが彼の持論で、何に興味を持つか、誰に会いたいか、次に何をしたいか、いつも脳みそをフル回転させていました。

売れるか売れないかはお客さんが決めるのだということを理解していないと、ロングセラーにはなりません。だから私は、「マーケットファースト」「ユーザーファースト」だと思っています。

これは、あらゆる商品について言えることではないでしょうか。エンドユーザーに受け入れられるか受け入れられないかは、やはり商品自体の魅力にかかっていると思うのです。

では、魅力ある商品をつくるのは、制作部や開発部だけの仕事なのでしょうか。

むしろ「広報や営業が商品をつくっている」というのが私の考えです。

1996年に私が「YES・fm」という大阪市中央区のコミュニティFM局をつくったとき、ある大手FM局の人が「聴取率をとるのは、編成部や制作部ではなく営業部で、スポットを売るのは制作部だ」と教えてくれました。

売上の成績が悪いと、「営業部がもっと行ってスポットを取ってこんかい!」「番組の聴取率が低いのは制作部のせいや!」という責任の押し付け合いになります。

しかし現実は、営業マンがスポンサーの声を聞き、その向こうにいるリスナーの顔を想像して、「こんな番組にしたらどうだろう」と制作担当者に提案することで、いい番組ができます。

また、いい番組をつくればつくるほどスポンサーが集まり売上がアップします。だからいい番組をつくるのは営業担当者だし、売上をつくるのは制作担当者だというのです。

この話に「なるほどな」と思いました。

つまり、いい商品をつくるのは、営業マンでもある「広報の仕事」なのです。

実際、私は、プロデューサーという立ち位置で、かなりモノづくりに踏み込んだ広報マンでした。

あらゆる広報マンは、最初にマーケットに切り込んでいき、お客さんの反応をどんどん制作や開発の担当者部に伝え、商品に反映させていってほしいと思います。

広報マンが強い組織をつくる

第3章でも述べたとおり、社内向けに発信することも広報の非常に重要な役割です。社内広報によって、組織の一体感、団結感、企業理念の共有をつくっていけるからです。「吉本新喜劇やめよッカナ!?キャンペーン」を新聞記事に書いてもらって、それを通して社内周知を図るなど、マスコミをうまく使った方法もありましたが、完全に社内だけに向けた発信もありました。

その一つが、総務部や人事部がつくっていた社内報です。春に新入社員が入ってきたら、彼らを競走馬に見立て、競馬の予想紙風の新聞をつくって配布したこともありました。

枠の中にそれぞれの名前と大学名を入れながら、「国体に出場経験あり」などと特徴も書いて、「今年のこの馬たちをどうぞよろしくお願いします！」と紹介したのです。

いざ新人が配属されたときに名前を覚えてもらいやすくなったという効果がありました。実は私はそういう社内向けの物をそろっと記者にも渡して、「また新人たちもお願いします！」などと伝えていたものです。

当時は、吉本興業を含めた多くの企業で社内報がありましたが、その後は減っていったように思います。組織のあり方がアメリカナイズされていったのか、戦後の日本の組織にあった濃すぎる一体感というものが、多分、合わなくなってきたのでしょう。

2000年代以降の起業ブームでは、会社という「場」すらなく、「ネットにさえ繋いであれば、どこで仕事をしていてもいい」などとそれまで想像もできなかった働き方が当たり前にできるようになりました。

しかし現在、面白いことに、あえてもう一度「みんなでちゃんと顔を合わせよう」という動きも出てきているようです。

知り合いのイベンターさんから聞いた話ですが、ＩＴ系の会社を中心に「運動会をしたいから手伝ってほしい」という依頼があるそうです。イベンターさんはそれを受けて、社員の人数や年齢構成を聞き、種目や場所を決めたり、道具をそろえたりして提供しているとのことでした。

また、毎朝集合して社歌を歌ったり、ラジオ体操をしたりというベタなことが、意外にもベンチャー企業で起きているそうです。

起業ブームが一服し、強い組織をつくることに再び注目が集まっているのかもしれません。実際に「チームビルド」という言葉もさかんに聞くようになりました。

組織で働くことには弊害も多々あります。しかし、個人では成し得ない大きな仕事ができるのは、やはり組織ならではの魅力です。今一度、個人と企業や団体との関係性をしっかり見直すタイミングが来ているのかもしれません。

組織で働くベースとして、やはり企業理念、経営理念を共有しておくことが大切です。特に小さな会社の場合は、自分はこの会社のどの部分に共感して働くのかをわかっておくことが、ダイレクトに仕事のモチベーションにつながるし、ひいては共に働く仲間、お客様への愛情にもつながっていくのではないでしょうか。

広報、営業、制作、研究開発、販売、人事、総務など、それぞれの担当は違っても、社員として向かう先は企業を成長させることです。会社が大きくなればなるほど社員の一体感を持つことが難しいといわれますが、それで片付けずに、広報が社内に向けて発信することで企業理念を行き届かせることができるのです。

すぐれた広報で広め、すぐれた宣伝で拡大し、商品価値を高める。趣旨を間違えないことだ。

先に広報、次に宣伝

この本では主に広報のことについて語っていますが、私が配属されたのは「宣伝広報室」ですから、もちろんお金を出して広告を打つこともしていましたし、相手によっては「広報の竹中です」「宣伝の竹中です」と使い分けて挨拶をしていました。

広報は、商品の情報をマーケットに発信したり、誰に売るのか、どうやって売るのかを考えたりするのが仕事です。そして人々が振り向いてくれたら、「これ、どうぞ！」「来週発売です！」と言って商品の名前と形を覚えてもらいます。

私が駆け出し広報マンだった頃、NSCを卒業して2年目、3年目という、発展途上の若手の芸人たちがたくさんいました。

ダウンタウンもまだデビューしたての「新商品」で、「松本、浜田って誰やねん?」と言われる状態です。一刻も早くお客さんに顔と名前を知ってもらうために、「2丁目劇場に来てくださいね」「今度ラジオに出るから聴いてくださいね」と芸人の話題をつくり、マスメディアに取り上げてもらわなければいけません。

一度着火しても、その火は、三日も経てば消えてしまうので、つねに新しい話題をつくっては、何回も投下して廻りました。最初は小さな火種でも、やがて大きな炎となっていきます。その結果、「一度機会があれば見てやろう」というお客さんが劇場に足を運んでくれるようになり、芸人たちが売れていきました。

広報が着火したものを、お金を使ってさらに拡大させていくのが宣伝の仕事です。宣伝には「お客さんをいい気持ちにさせる」という重要な役割があります。「カッコいい」「素敵だ」という感覚は数値化できませんが、ちゃんと商品価値に反映されていくのが面白いところです。広告のデザインやコピーで有名な賞を獲ると、クリエイターが売れていくのはそのためです。口コミやイメージは勝手に走り出すのです。

お金をかけない「広報」と、お金をかけて媒体を買う「宣伝」の両方を経験してわかったことは、車の両輪のようにどちらも重要であるということです。先に広報、次に宣伝というコンビネーションでモノが売れていくので、「ウチはお金がないから」などと言わず、売上の数パーセントは、なんとかして宣伝費に回すことを考えていただきたいと思います。

また、広報活動も、すべてが無料でできるわけではありません。記者会見も、ホテルを借りて、舞台もセットして、コーヒーも出します。そしてリリースを渡して、場合によってはお土産も渡しますから、それなりにお金がかかります。

広報や宣伝にどうお金を振り分けるかが、広報マン、宣伝マンの知恵の使いどころです。もちろん総予算は担当プロデューサーが握っています。

費用を使って会見をする際は担当者から見積書を出さねばなりません。当然そのための企画書や実施案も作成せねばなりません。いつも同じ会場で、同じ顔ぶれでの「発表会見」では、記者に飽きられ、新鮮味のある記事にしてもらえません。

会社の会議室や借りたホテルから飛び出して新鮮な会場を設定することを考えたり、舞台も紅白幕を貼って、その前の長机に芸人が座るだけでなく、衣装を着て出たり、生バンドを入れたりしたこともありました。お土産もありきたりなお菓子ではなく、洒落っ気のあるものを考えたものです。

ここでも気持ちよくなってもらえるアイデアを出しました。プレスリリースというのは、謝罪会見と違ってお願い事です。相手に興味を持ってもらわねばでなりせん。

広報と宣伝の目的は、どちらも商品の知名度や価値を上げて売っていくことですが、仕掛けを考えるときには、それぞれで発想を変えていました。

お金をかけない「広報」、お金で媒体を買う「宣伝」のほかに、お金を稼ぐ「プロモーション」があります。

たとえば、ある商品のコマーシャルに自社のタレントを出す場合、普段は出演料や契約料をいただくだけのものです。一方、ここでいうプロモーションは、そのタレントを使った会見やイベントなどをこちらの企画、こちらが持つルートで開き、その商品を紹介することで、その分の費用もいただくという活動のことです。

自社の広報活動が、視点を変えればお金を稼いでくるプロモーションに変わるとわかれば、広報活動よりもプロモーションに比重が置かれるようになるのは、ある意味当然のことでしょう。

プロモーションが成立するのは、それだけ商品の価値が上がり、成熟した証です。そしてそれ以上に、マスメディアとのパイプラインが強くなったからこそできる技でもあります。


しかし広報を、「お金にならない、面倒くさい、成果が見えにくい」などと言って、おろそかにしていると、将来刈り取るものが少なくなってしまいます。これは、タレントを売る場合に限った話ではなく、あらゆる新商品・新サービスを売り出すときも同じです。

広報担当者次第で商品の命運が分かれるのですから、会社も広報マンもその自覚と自信を持っていただきたいと思います。

究極の「広報術」とは、インサイダー取引である。

広報マンは人間関係から逃げない

お金をかけずに記事を書いてもらうために、広報マンには「企画力」と「発信力」が問われます。

しかし、じつはそれよりも大切なのが、「交渉力」です。交渉は、やはり人的ネットワークで成り立っていくものです。だから、広報マンは人間関係から逃げてはいけないのです。

私の実家は小さな商売をしていましたので、私は子どもの頃から、親がお客さんとうまくコミュニケーションを取る様子を見ながら育ちました。その経験が、第3章にも書いたように、自分たちの演芸記者クラブをつくるのに大いに役立っています。

たとえば、若い記者も年配の記者も、用事があってひとたび私のところに来たら、それだけで帰すことはせず、必ず世間話をして相手との距離を縮めていきました。「どう声をかけたらいいのかわからない」という人は、「髪型変わりました？」と言ってみてください。

これはタモリさんがよくやっていたことで、「あなたに関心がありますよ」と伝える魔法の一言です。相手が髪型を変えていなければ「変わってへんで」、変えていたら「あ、気づきました？　ちょっと切ったんですよ」などと返事をしてくれますから、そこから話に入っていきやすいです。まぁ、魔法が使えない相手もいますが（笑）。

吉本の広報マンとしては、「お笑い、最近誰好きですか？」も私の定番の質問でした。すると「やっぱり何回見ても中川家が面白いわ」「子どもの頃から新喜劇が大好きや」などと答えてくれるので、「ほんまですか」と話が広がるし、答えによって相手の趣向もつかめるので、どんな情報を出したら喜ばれそうかという判断材料にもしていました。

また、「これ、見はりますか?」「今週の新喜劇、おもろいでっせ!」と言って、劇場に招待したり、向こうが欲しがっている情報を先にあげたりして、まず私と吉本のファンになってもらうのです。

この段階になって、相手はようやくこちらの願いを聞いてくれるようになります。

「ここに広告を出すから、こんど記事を載せてほしい、特集は組めませんか?」「広告費はないですけど、こういう芸人の記事を書いてくれませんか?」など、お金にかかわる交換条件を出して交渉ができるようになるのです。

実は担当している記者は「広告をもらっているから記事を書いてあげよう」という考え方はほとんどありません。現実はバーターではありませんから。

ただそこは気のもの。機嫌良く付き合うには、相性の合うメディアや人と仲良くしていけばいいのです。

日頃の人間関係の大切さを改めて感じたのは、ある大物芸人の引退会見のときでした。

当日に「その芸人からの重大発表をします」とだけマスコミに伝え、あえて会見の内容は伏せておきました。突然のことにメディアは大騒ぎになり、何が発表されるのかもわからないまま、テレビの速報に流れたほどです。

当日、会見の寸前に、私は普段から仲良くしてくれている記者の人たちひとりひとりに、直接「もう知ってはると思いますけど、今日で引退するんです。〝あんじょう〟書いたってくださいね」と直接お願いして回りました。「あんじょう」とは大阪弁で「うまく」「ほどよく」という意味です。この直接の一言が大事なのです。

その結果、会見では多くの記者さんがすでに引退することを知っており、スムーズに会見を終えることができました。新聞やテレビでも好意的に扱ってもらえました。

なぜこういうことができたかというと、やはり日頃から、私とマスコミの方々とのコミュニケーションができていたからです。

お互いの信頼は、一朝一夕に育てることはできません。しかし、一度信頼関係ができればここぞというときに強いのです。

私のようにもともと商売人系だったり、商人気質みたいなものを持ち合わせている人は自然にマスコミとコミュニケーションをとろうとしますが、そうでない人は、商品の情報をメールで送ることで広報の仕事を完結させたりしています。

私は常々、「リリースを送って、それが届いて、それを記者に読んでもらって、会見や本番に来てもらって、記事を書いてもらって、それでお客さんたちが動いて、最後に記者に『ありがとうございました』と言いに行くまでが一つの仕事だ」と言っています。

商売人は、毎日このフローを繰り返しています。メールを送って終わらせていたら、最初の1ステップしかやったことにはならないのです。

また、「答えは相手が出す」ということも頭に入れておくとよいと思います。

先日も「こんな昼間に電話したら、向こうは忙しいだろうから悪いと思って……」とお礼を言うべき人に電話をかけずにいる若い後輩がいました。

「何でお前が決めんねん。迷惑か迷惑じゃないかは、向こうが決めんねん」と言ったら、「ええ⁉」と驚いていましたが……。

相手のことを考える、相手の気持ちを忖度すると言いながら、つい自分で答えを出してしまうことがあります。そうすると、相手との関係を築くどころではなくなってしまいます。

「広報術」というと、どう発信するかというテクニック的なことを追い求めがちですが、人間関係を構築したうえでないと、せっかくのテクニックも通用しないのではないでしょうか。

文化や風土には、
イノベーションの
タネが眠っている。

ローカルこそ貴重なコンテンツである

広報マンは、会社や商品のスピーカーになることです。

スピーカーには、コンテンツを発信する場が必要です。そのために私も、『マンスリーよしもと』という媒体の編集長をやりながら、一般紙やスポーツ紙の連載コラムを持たせてもらい、自らお笑いや映画、音楽、街のトレンドなどを語りながら、「吉本のタレントもこんなことしていますよ」とさりげなく紹介していました。

しかし、今はSNSがあります。雑誌や新聞を使わなくても、広報マンはそれぞれのコンテンツを手軽に発信できるようになったのです。

その際、陥りやすい問題が2つあります。

一つが「どうしたらフォロワーを大量に集められるか」という問題です。

バズっているSNSを真似しようとするとどうしてもフォロワーを集めるテクニックを追い求めることになり、やがてコンテンツ自体の魅力が乏しくなってしまう可能性があります。

面白くないものには、なかなか人は集まってくれません。根っこは、「面白そう」「楽しそう」というようなワクワクし、魅力あるコンテンツを扱うことです。

美味しくない料理をいくら美味しいと言っても人は動きません。心も動くはずがありません。大事なことは優良な会社独自のコンテンツを発信していくことが、結局は力につながるのではないでしょうか。

そこでもう一つの問題、「ウチにはコンテンツがない」が出てきます。

「ウチは小さい会社だから」「地方の会社だから」コンテンツがないと考える人が多いのですが、それは早計です。

私は、その企業自身が培ってきた哲学や経験やその歴史がコンテンツになっていくと考えています。

たとえば、日頃から阪神ファンを公言している広報マンが、自社製品を勧めていた場合、同じ阪神ファンの人が関心を持ってくれることは現実的にあることでしょう。出身地や出身校が一緒だったなんてこともプラスに働くこともよくあります。

実際には仕事と直接関係ないことが、その人の魅力となり、仕事に活かされる時代です。ですから、まず「自分にはコンテンツがある」という認識を持つことが大切です。

そのためには「自己分析」をして、「自分」を知ることです。

「自分」を「企業・団体」に置き換えても一緒のことです。そうやって改めて、自らの持つコンテンツに出会えることもあります。


また、地方の企業ほど、魅力的なコンテンツを持っていると考えてください。

1991年、私がプロデュースした河内家菊水丸の「カーキン音頭」はアルバイト情報誌『フロムＡ ｔｏ Ｚ』（リクルート社）のテレビCMにも使われ、空前の大ヒットとなりました。映画監督ジョージ・ルーカスの「ルーカスフィルム」が火星人と金星人のC

Gを制作し、その動きに合わせて菊水丸が歌ったものです。

菊水丸は、伝統的な河内音頭の継承者です。河内音頭とは、大阪の河内近辺を発祥とする、土着の民謡や浪曲、お笑いなどが混ざり合ってできた音頭のことで、現在も大阪では盆踊りのシーズンには盛んに踊られています。

大阪人にとっては当たり前の夏の風物詩でも当時の東京の人は誰も知りませんでした。そこで、「大阪にはこんな音頭があって、夏になったら朝から晩まで歌って踊ってるんですよ！　大阪の盆踊りではCDやカセットではなく、音頭取りが櫓《やぐら》に立つんです」とアピールしていたら、東京のCM制作会社に非常にウケて、トントン拍子にテレビのCMが決まりました。そして、そのスポットが大ヒットしたこともあり、そのままCDデビューも決まりました。

菊水丸の河内音頭がウケると思ったのは、私がたびたび東京に出張に来て、テレビを見ていたからです。

当然ながら大阪ではよく目にする番組が、東京ではやっていません。逆に「あ、これ大阪でやってへんわ」という番組もあります。

そのうち、大阪にローカル番組があるのと同じように、東京にもローカル番組もあるんや」と気づいたのです。そして、「東京の人はローカル番組であってもそれが全国に流れているかどうかを知らないということで、東京にないものを大阪から持ってきて見せたら売れるんちゃうか？」とひらめきました。

東京と大阪の2極を見ていたから、売り出し方に気づいたのです。

「カーキン音頭」が発表され、25年以上経つのですが、当時のテレビスポットを覚えている人に、「あのテレビスポットって、実は関東地区限定で1都6県でしか流れていなかったんですよ。そもそも『カーキン音頭』の意味は火曜日と金曜日に求人誌が発売されてるってことなんで、いくらバブル期とは言え、週に2回も求人誌が出るって関東地区限定のことなんですよ！」と話すと、とても驚かれます。

関東でテレビをご覧になっておられたほとんどの人は東京ローカルの存在を知らず、

全国ネットのテレビスポットだと思っていたのです。

菊水丸を古くから知る大阪のファンも、

「菊水丸、夏でもないのに、なんで全国ネットのレギュラー番組に出とるねん!?」

と驚いていました。


その後、1999年12月に公開した、沖縄を舞台とした映画『ナビィの恋』も、東京と地方都市の二つを見ることで誕生した作品です。

沖縄の離島(粟国島)の言葉や唄、文化や個性というコンテンツがまだ東京では珍しく、映画は沖縄でも東京でも大ヒットしました。これは私の映画プロデューサーとしてのデビュー作品になります。

このように、地方ローカルのものは東京ローカルでウケる可能性がありますし、東京ローカルでウケたものは、全国ネットに出るようになり、爆発的に知名度を上がります。地方に視点を移すことによって、どんどんマーケットを増やしていけるのです。

会社員でなければ
できないことがある。
何度も打席に立たせてもらえる
人間を目指せ。

1000打数300安打のサラリーマンを目指す

私はイベントや映画、河内音頭のプロデュースもしていたので、吉本の中では独立した立場で仕事をしていたように思われることもあるのですが、全くそんなことはなく、徹頭徹尾サラリーマン精神でおりました。

サラリーマンは、会社のミッションが絶対ですから、「これをやれ」と言われたらやるし、「やめろ」と言われたらやめなければいけません。

たとえば、2007年に創刊した『コミックヨシモト』は、コミック誌をほとんど読まない私が「編集長を任せるわ」と言われてつくった漫画雑誌です。販売の不調もあり7号で休刊になりました。

5号目を出したとき、当時の副社長だった大﨑さんに聞かれました。

「竹中、今、なんぼくらい赤字やねん？」

「1億円くらいやと思います。1年後に単行本が出はじめますので、そこで回収する見込みです。携帯電話への漫画配信も注目していますので、それも収益に埋め込めたろうと考えております」

しかしよくよく調べると、私の読みが悪く、実際にはその時点で2億円ほどの赤字が出そうになっていました。1年後には回収できるという望みはあったものの、ドキドキの事業であったことは間違いありません。漫画雑誌という定期刊行物にチャレンジしたのですが、完全に敗北でした。

「2億円はちょっと無茶やな。よし、竹中、今、ここでやめようや」

「え？」

「すぐにやめてな！」

「ハイ、わかりました！」

さすが、決断の速さも誇る吉本興業です。大﨑さんも電光石火のごとく判断しました。

私の計算では、『コミックヨシモト』は月2回の刊行だったので、1年間出せば24冊になります。私の計算では、1年後から単行本を出して赤字を回収していくという見込みでした。

私はすぐに、漫画の原作を書いていてくれた桂三枝（現六代文枝）さん、島田紳助さんらに説明とお詫びにまわり、同様に漫画家さんや雑誌の取次店さんなどに連絡をして、休刊に向けての準備にとりかかりました。

こうしたことについて私はすべて素直に受け止めていました。上司に「やめろ」と言われたということは、それは「失敗」か「軌道修正」を意味します。

どちらにしても、今のままでは会社にとってメリットはないという判断を下されたのですから、潔く認めればいいだけです。そして、その失敗という経験を社内で共有するということも重要だと考えました。

サラリーマンのいいところは、会社から次々にミッションを与えられることです。自分がやったことがないジャンルや、苦手なジャンルの課題も投げられるので、苦労もしますが、いくつになっても成長もできます。

また、サラリーマンは仕事で失敗してもなかなかクビになりません。私にすれば商売人の倅だったので、大きな失敗があってもお給料がもらえたことには本当に感謝しました。仕事に成功しても失敗してもお給料をもらえるっていうのは、こんなにありがたいことはないと思っていました。

その後もずっと、ご縁があって吉本興業に入ったのだから、会社から求められたことに一生懸命応えていこうと考えていました。

ひとつひとつの成功や失敗に一喜一憂しすぎず、場数を増やしていくことは、とても大切です。

中邨さんの中には「人生3割説」というのがあります。

「人生も仕事も7割が失敗だ。3割成功すれば、これは抜群の成績なのである。3割成功すれば、7割の失敗を充分に補っていくことができる。だから3割バッターを目指せ」

ただし、その続きがあり、私は直接こう言われました。

「竹中、『3割バッター』とは、10打数の3本安打ではなく、1000打数の300安打のことやで。1000打数の3割バッターは10打数の3割バッターより、693本も空振りや凡打でアウトになっているということや。もちろん出塁も297多いことやねんけどな」

中邨さんが伝えたかったのは、「凡打でも失敗しても、また次の打席に立たせたいと思われる人間が、たくさんの打席に立つチャンスをもらえるんや。そのためには期待される人間になれ」ということだったのではないでしょうか。

その言葉どおり、私は会社から「やれ」と言われたことをすべてやり、数多くの失敗もしながら、大きな仕事にも携ってきました。

そのうえで、誰からも「やれ」と言われていないのに、河内音頭や映画のプロデュースを手掛けるようにもなりました。

サラリーマンの成長は、結局、目の前の仕事に愚直に取り組んでいく中にこそあるのです。

企業が生き残っていくには、
変化していかなければならない。
だが、変化してはいけないものがある。
「歴史」という名の「哲学」だ。

広報マンは「会社」に仕える

おかげさまで「伝説の広報マン」と呼んでいただけるようになった私のところには、今でもときどき、「広報部に配属されたんですけど、何から始めたらいいでしょうか」という相談がきます。

私はいつも「まず自分の会社のことをすべて知るところから始めてください」とアドバイスしています。

広報マンは、社外・社内に情報を発信していく立場なので、自社のことに詳しくなることが、優良な広報の仕事につながっていくのです。逆に自社のことを知らなければ、発信するネタもみつかりません。

この会社は何を目的に存在しているのか。経営の理念は何なのか。

どんな人が会社を創設し、どんな人たちが支えてきたのか。

新入社員からベテランまで、現在はどんな人たちが働いているのか。

社長はどんな考えを持っているのか。

特に会社の歴史を知っておくことは大切です。私も広報マンとして、吉本興業の八十年史や、百五年史の編纂に関わりました。「社史なんて」と、今どき古臭いイメージを持つ人もいるかも知れませんが、歴史に学ぶことはたくさんあります。


たとえば吉本の場合は、演芸場を手に入れたところからルーツが始まり、所属の芸人が増えていき、また小屋を増やし、芸人が増えるということを繰り返しています。その歴史は、全てお客さんが支えたという構造です。

吉本の場合は、明治45年の創業者のハートがお笑いにありますから、お笑いから外れたことをやるとなかなかうまくいかないようです。

このように、会社の成り立ちやDNA、挫折までも、社史が教えてくれます。

私の中で、ひとつの広報マンのイメージが、アメリカのホワイトハウス報道官（スポークスマン）です。

報道官は、大統領のスケジュール、政府内の人事、敵対する政党の意見、国民の不満、諸外国の問題、アメリカの歴史的背景などを踏まえたうえで、政府や大統領の見解を伝えたり、メディアからの質問に答えたりしています。

広報マンも、企業の報道官なのです。

報道官になれるのは、宣伝部でも人事部でもなく、広報部の人間です。だから、会社のことを何でも横断的に知っていないといけないのです。

社長の代弁者を行うからといって、「社長」というボスだけに仕えているという気持ちは、私にはありませんでした。

私が忠実だったのは、吉本興業という会社の、組織や歴史に対してです。

つねに「吉本興業なる、この巨大な生き物の広報は、俺が責任持つで」という思いで仕事をしてきました。だからこそ、新しい社長のもとで体制が変わっても、いつも同じようにスピーカーになれました。

吉本興業には、私のほかにも広報マンが何十人もいましたが、歴代の社長にとって、私がいつも一番信用できる広報マンでした。「吉本の伝説の広報マン」と呼んでいただけるようになったのも、そのおかげかなと思います。

ホワイトハウス報道官も、大統領のスピーカーという立場でありながら、「自分が仕えているのはアメリカ合衆国だ」という気概があるのではないでしょうか。

「広報マンは会社の歴史に忠実であれ」

どんなに時代が変わっても、広報マンにとって寄って立つべきところは変わらないのです。

おわりに

2015年7月、私は35年間ほど勤めた吉本興業を退社し、単身ニューヨークのハーレムに渡りました。

サラリーマンとして、広報マンとして、やるべきことはすべてやった。

これからは自分のために時間を使いたい。

吉本を辞めることに迷いはありませんでした。

ハーレムで自由な時間を謳歌していたとき、メールで、中郁さんが亡くなったことを知りました。

中郁秀雄さんは1932年生まれで、私とは二回りちょっと年齢が違います。中郁さんから見たら、私は息子みたいなものだったかもしれません。

関西学院大学ラグビー部出身で体格が良く、怖いところもありましたが、私が覚えているのは子どもみたいにいたずら好きで陽気な中邨さんです。

突然社員に「お前、10億円あったら、何に使う?」と聞いて回り、社員が答えに窮すると「せっかく使える金あるのに、なんもアイデア無いのか⁉」などと言う人でした。

彼自身がアイデアマンだったからこそ「芸人の養成所をつくれ!」「『マンスリーよしもと』つくれ!」と言ってくれたのだと思います。

ときに、「中古のロシアの軍艦どっかから安う買うてきて、上にサッカー場つくってそれで日本中回って来いや!」などと無茶苦茶なことも言われましたが……。

私は彼にずいぶん可愛がってもらいました。無茶振りしたことに対して、やる前からへこたれず、何にでも向かっていく私のことを気に入ってくれたのではないかと思います。また、中邨さんも本社の近くの商売人の倅でしたから、私とどこか持っている空気感も似ていたのかも知れません。

「この仕事は誰のお金と時間をもらってると思っとるねん。考えて行動しぃや」

そう教えてくれたのも、中邨さんでした。

ニューヨークから帰国して、中郵さんのお墓参りに行きました。

墓前で手を合わせながら、中郵さんから教わったことを思い出し、30年以上前、FAXもワープロもパソコンもない時代、「広報マン」として私の関わったことが、今の「広報担当者」にお役に立つかもしれないと考え、この本を書くことを思い立ちました。


「ライバルが3人あるいは、3社程度いることが理想。たとえトップに立ったとしても、企業には永遠にライバルが必要や」と中郵さんは言っていました。

サラリーマンにとってのライバルと言えば、先ずは同期でしょうか。

私の同期は5人おります。今もお互いに仲が良く、30年近く誰も辞めずに全員が残っていました。今は私の前に二人が辞め、現在、会社に残っているのは二人です。

同期で最も面白かった男がTくんです。

さんまさんからも「オモロすぎる!」と太鼓判をもらったほどです。マネージャーは芸人を笑かすのが仕事でもないのですが、彼のまわりにはいつも笑いが溢れていました。

タクシーの窓から顔を出して誰かに指示してるときに、自分で窓を閉めるボタンを押して首を挟んで「イタイ！　イタイ！」と言ったとか、自分の乗る自転車のタイヤに空気を入れ過ぎてパンクさせたりとか……。

新入社員の頃、東京の事務所で当時のボスの席から丸見えの公衆電話から、「いまＴＢＳです。あと1時間で戻ります！」と電話をかけ、1時間後に平然と帰社し、「お前、さっきあそこの電話ボックスにおったやろ？」と突っこまれると、「見てたんですかぁ」と返したり。数々の伝説がありました。

そのＴくんがいなくなってしまったのは、とても寂しかったです。

たまに同期が集まると、いつも「Ｔ、どうしているかなあ」という話になります。入社早々はいつも5人で昼飯に行き、コーヒーを飲みながら、見えない未来をワァワァ言って楽しんでいたものです。

「長いサラリーマン人生、幾つもの挫折は誰にでもある。グチやため息が、口から出てくることもあるはずや。そんなときこそ、自分から楽しみを見つけることが重要なんや。窮地に追い込まれても、進んで前向きに受け止めるように心がけるんが大事。そうすれば、必ず次にはチャンスが巡ってくるはずや」

私が中郵さんからもらったこの言葉を皆さんにも贈り、この本を終えたいと思います。そして「視点」を少し変えることで、人や物が全く違って見えるということも学んだことをお伝えしておきます。

いつも手を引っ張ってくれる友人や家族にも感謝を述べます。最後まで読んでくださり、ありがとうございました。

２０１７年12月

竹中功

参考文献

『笑いに賭けろ！　私の履歴書』（中邨秀雄／日本経済新聞社）
『笑う奴ほどよく眠る　吉本興業社長・大﨑洋物語』（常松裕明／幻冬舎）
『ノーブランド』（前田政二／ヨシモトブックス）
『人が化ければ会社も化ける――〔吉本流〕福をもたらすビジネス語録92ヵ条』（中邨秀雄／ウェッジ）
『元気と勇気とやる気がわき出る本――笑いで勝ち取る吉本流人生経営学』（中邨秀雄／小学館）
雑誌『マンスリーよしもと』（吉本興業株式会社）

竹中功（たけなか・いさお）

1959年大阪市生まれ。

同志社大学法学部法律学科卒業、同志社大学大学院総合政策科学研究科修士修了。1981年、吉本興業株式会社に入社。宣伝広報室を設立し、『マンスリーよしもと』初代編集長を務める。吉本総合芸能学院（よしもとNSC）の開校、プロデューサーとして、心斎橋筋2丁目劇場、なんばグランド花月などの開場に携わる。また、河内家菊水丸の担当として、イラク、ソ連、北朝鮮公演なども実施。

1996年に大阪市中央区コミュニティFM局「YES-fm」を開局、翌1997年にYES VISIONS設立。映画『ナビィの恋』『無問題』『無問題2』などを製作。

また、町おこしとして吉本興業が始めたプロジェクトでは「住みます専務」として東北6県の担当もした。

その後「吉本興業年史編纂室」「創業100周年プロジェクト」を担当、コンプライアンス・リスク管理委員、よしもとクリエイティブ・エージェンシー専務取締役、よしもとアドミニストレーション代表取締役などを経て、2015年7月退社。

ニューヨーク・ハーレムでの生活を経て現在に至る。

お金をかけずにモノを売る広報視点

2018年1月3日　初版第1刷発行

著　者　竹中功
発行人　佐藤有美
編集人　安達智晃

発行所　株式会社経済界
〒107-0052　東京都港区赤坂1-9-13　三会堂ビル
出版局　出版編集部　☎03(6441)3743
出版営業部　☎03(6441)3744
振替　00130-8-160266

http://www.keizaikai.co.jp

ブックデザイン　小口翔平＋山之口正和（tobufune）
編集協力　有留もと子
プロデュース　山崎薫
印刷所　株式会社光邦

ISBN978-4-7667-8619-4

©Isao Takenaka 2018 Printed in Japan